师 教育部 财政部职业院校教师素质提高计划职教师资培养资源开发项目

Qiche Zhuanye Jiaoxuefa
汽车专业教学法

关志伟 阎文兵 高鲜萍 编 著

人民交通出版社股份有限公司
China Communications Press Co.,Ltd.

内 容 提 要

本书为教育部、财政部职业院校教师素质提高计划成果系列丛书。本书主要内容包括中等职业学校汽车类专业技术应用领域及能力分析、基于工作过程的理实一体化课程开发、职业教育教学方法及专业教学案例、汽车专业教学案例。书中引入了大量案例，方便教师教学、学生讨论学习，可加深对内容的理解。

本书涵盖了汽车专业教学规律及方法，可作为培养汽车服务工程职教师资的高等院校的专业教学基本教材，同时适用于开设汽车服务工程、汽车运用工程、交通运输等专业的中职和高职院校专业教学。

图书在版编目（CIP）数据

汽车专业教学法 / 关志伟，阎文兵，高鲜萍编著.—北京：人民交通出版社股份有限公司，2017.4
ISBN 978-7-114-13652-8

Ⅰ.①汽… Ⅱ.①关… ②阎… ③高… Ⅲ.①汽车工程—教学法—高等学校 Ⅳ.①U46-42

中国版本图书馆 CIP 数据核字（2017）第 023908 号

书　　名：	汽车专业教学法
著 作 者：	关志伟　阎文兵　高鲜萍
责任编辑：	郭　跃
出版发行：	人民交通出版社股份有限公司
地　　址：	（100011）北京市朝阳区安定门外外馆斜街 3 号
网　　址：	http://www.ccpress.com.cn
销售电话：	（010）59757973
总 经 销：	人民交通出版社股份有限公司发行部
经　　销：	各地新华书店
印　　刷：	北京市密东印刷有限公司
开　　本：	787×1092　1/16
印　　张：	10.5
字　　数：	237 千
版　　次：	2017 年 4 月　第 1 版
印　　次：	2017 年 4 月　第 1 次印刷
书　　号：	ISBN 978-7-114-13652-8
定　　价：	25.00 元

（有印刷、装订质量问题的图书由本公司负责调换）

项目专家指导委员会

主　任：刘来泉

副主任：王宪成　郭春鸣

成　员：(按姓氏笔画排列)

刁哲军	王继平	王乐夫	邓泽民	石伟平
卢双盈	汤生玲	米　靖	刘正安	刘君义
孟庆国	沈　希	李仲阳	李栋学	李梦卿
吴全全	张元利	张建荣	周泽扬	姜大源
郭杰忠	夏金星	徐　流	徐　朔	曹　晔
崔世钢	韩亚兰			

教育部　财政部职业院校教师素质提高计划成果系列丛书

《汽车服务工程》专业职教师资培养资源开发(VTNE015)项目组

项目牵头单位：天津职业技术师范大学

项目负责人：关志伟

出版说明

《国家中长期教育改革和发展规划纲要(2010—2020年)》颁布实施以来,我国职业教育进入到加快构建现代职业教育体系、全面提高技能型人才培养质量的新阶段。加快发展现代职业教育,实现职业教育改革发展新跨越,对职业学校"双师型"教师队伍建设提出了更高的要求。为此,教育部明确提出,要以推动教师专业化为引领,以加强"双师型"教师队伍建设为重点,以创新制度和机制为动力,以完善培养培训体系为保障,以实施素质提高计划为抓手,统筹规划,突出重点,改革创新,狠抓落实,切实提升职业院校教师队伍整体素质和建设水平,加快建成一支师德高尚、素质优良、技艺精湛、结构合理、专兼结合的高素质专业化的"双师型"教师队伍,为建设具有中国特色、世界水平的现代职业教育体系提供强有力的师资保障。

目前,我国共有60余所高校正在开展职教师资培养,但由于教师培养标准的缺失和培养课程资源的匮乏,制约了"双师型"教师培养质量的提高。为完善教师培养标准和课程体系,教育部、财政部在"职业院校教师素质提高计划"框架内专门设置了职教师资培养资源开发项目,中央财政划拨1.5亿元,系统开发用于本科专业职教师资培养标准、培养方案、核心课程和特色教材等系列资源。其中,包括88个专业项目,12个资格考试制度开发等公共项目。该项目由42家开设职业技术师范专业的高等学校牵头,组织近千家科研院所、职业学校、行业企业共同研发,一大批专家学者、优秀校长、一线教师、企业工程技术人员参与其中。

经过三年的努力,培养资源开发项目取得了丰硕成果。一是开发了中等职业学校88个专业(类)职教师资本科培养资源项目,内容包括专业教师标准、专业教师培养标准、评价方案,以及一系列专业课程大纲、主干课程教材及数字化资源;二是取得了6项公共基础研究成果,内容包括职教师资培养模式、国际职教师资培养、教育理论课程、质量保障体系、教学资源中心建设和学习平台开发等;三是完成了18个专业大类职教师资资格标准及认证考试标准开发。上述成果,共计800多本正式出版物。总体来说,培养资源开发项目实现了高效益:形成了一大批资源,填补了相关标准和资源的空白;凝聚了一支研发队伍,强化了教师培养的"校—企—校"协同;引领了一批高校的教学改革,带动了"双师型"教师的专业化培养。职教师资培养资源开发项目是支撑专业化培养的一项系统化、基础性工程,是加强职教教师培养培训一体化建设的关键环节,也是对职教师资培养培训基地教师专业化培养实践、教师教育研究能力的系统检阅。

自 2013 年项目立项开题以来,各项目承担单位、项目负责人及全体开发人员做了大量深入细致的工作,结合职教教师培养实践,研发出很多填补空白、体现科学性和前瞻性的成果,有力推进了"双师型"教师专门化培养向更深层次发展。同时,专家指导委员会的各位专家以及项目管理办公室的各位同志,克服了许多困难,按照两部对项目开发工作的总体要求,为实施项目管理、研发、检查等投入了大量时间和心血,也为各个项目提供了专业的咨询和指导,有力地保障了项目实施和成果质量。在此,我们一并表示衷心的感谢。

编写委员会
2016 年 3 月

前言

为顺应《国家中长期教育改革和发展规划纲要（2010—2020年）》对职业教育质量的相关要求，职业教育的发展重点已逐渐从扩张规模向提高质量和效益进行转变，而从职业教育持续发展的角度出发，着力提高我国职业教育质量，加强职业教育教师队伍建设，提高职教师资培养质量，拥有一支高水平、高质量、高素质的教师队伍已成为职业院校今后进一步发展的必经之路。据此在2012年11月，教育部、财政部在"职业院校教师素质提高计划"框架内设置了100个培养资源开发项目，旨在重点开发应用于本科专业职教师资培养的专业教师标准、专业教师培养标准、评价方案、各专业培养方案、课程标准、特色教材和数字化资源。本套特色教材属于汽车服务工程专业职教师资培养资源开发项目。

随着汽车保有量的大幅提升，汽车服务市场发展规模空前壮大。汽车服务业是在汽车产业价值链中连接生产和消费的支持性、基础性以及延伸性业务。汽车服务业包括汽车售前、售中、售后三方面的服务，每个环节对技能型人才的需求巨大，而目前企业人才的一个主要来源就是职业院校生源。因此，职业院校人才的培养至关重要，而如何高效地进行专业教学则是关键所在。

本书涵盖了汽车专业教学规律及方法，可作为培养汽车服务工程职教师资的高等院校的专业教学基本教材，同时适用于开设汽车服务工程、汽车运用工程、交通运输等专业的中职和高职院校专业教学。教材以培养学生的专业教学能力为目标，遵循教学理论、考虑教学对象特点、适合职业院校，尤其是中等职业技术学校汽车服务工程类专业内容教学，在相应教学资源支持下，使学生掌握职业教育汽车专业的教学理论、教学方法及其在教学中的应用。本教材的任务是，树立中等职业教育理念，提高学生实际开展汽车学科教学的能力，使学生向会教书转变。本书力求反映最全面的汽车专业教学方法，包含内容难易适中，便于广大学生和培训人员的学习和掌握。另外，本书插入了大量案例，方便教师教学、学生讨论学习，可加深对内容的理解。

本书由天津职业技术师范大学关志伟、阎文兵、童敏勇、黄玮、高鲜萍、孔超、黄俊平、李军编写。其中第1章、第2章由高鲜萍、孔超编写，第3章由关志伟、童敏勇编写，第4章由阎文兵、黄俊平编写，第5章由黄玮、李军编写，关志伟负责对整本教材的审核。

本教材是国内职业教育汽车专业教学法的初步探索，加之专业教学论的内涵丰富，本身也还在不断发展，书中难免有不妥之处，敬请广大读者和同仁批评指正。

编　者

2017年1月

目录

1 绪论 ··· 1
  1.1 职业教育发展现状 ··· 1
  1.2 中外职业教育教学模式的比较 ··· 2
  1.3 汽车行业技能型人才培养现状 ··· 5
  1.4 汽车专业职业教育的教学目标 ··· 7
2 中等职业学校汽车类专业技术应用领域及能力分析 ························ 9
  2.1 汽车技术的发展历程 ·· 9
  2.2 行业现状及发展趋势分析 ·· 16
  2.3 汽车服务行业人才需求及能力分析 ··· 21
  2.4 汽车服务行业人才情况及需求调查问卷(企业) ······················· 29
3 基于工作过程的理实一体化课程开发 ·· 34
  3.1 基本概念 ··· 34
  3.2 基于工作过程的理实一体化课程开发流程 ······························· 35
  3.3 企业调研 ··· 36
  3.4 典型工作任务及行动领域提炼 ··· 39
  3.5 基于工作过程的理实一体化课程开发 ····································· 43
  3.6 基于工作过程的一体化教学组织规范研究 ······························· 47
  3.7 基于工作过程的一体化教学考核方法 ····································· 49
4 职业教育教学方法及专业教学案例 ··· 51
  4.1 职业教育教学方法体系 ·· 51
  4.2 课堂教学分析 ·· 54
  4.3 项目教学法及应用案例 ·· 68
  4.4 引导文教学法及应用案例 ·· 76
  4.5 案例教学法及应用案例 ·· 86
  4.6 实验教学法及应用案例 ·· 106
  4.7 角色扮演教学法及应用案例 ··· 113
  4.8 模拟教学法及应用案例 ·· 121

  4.9 课堂教学评价 …………………………………………… 129
5 **汽车专业教学案例** ………………………………………………… 135
  5.1 "汽车构造"课程教学案例 ………………………………… 135
  5.2 "发动机电子控制技术"课程教学案例 …………………… 138
  5.3 "汽车营销"课程教学案例 ………………………………… 145
  5.4 "汽车服务技能训练"课程教学案例 ……………………… 149
参考文献 ……………………………………………………………… 156

1 绪 论

1.1 职业教育发展现状

我国教育体系由普通教育、职业教育和成人教育组成。职业学校教育(vocational education)是指让受教育者获得某种职业或生产劳动所需要的职业知识、技能和职业道德的教育。它是学历性的教育,分为初等、中等和高等职业学校教育。

近些年,中国职业教育改革发展步伐明显加快,迎来了历史上最好的发展阶段,主要有如下标志。

第一,中国政府空前重视职业教育的发展,把发展职业教育作为经济社会发展的重要基础和教育工作的战略重点。2002、2005 年,国务院先后两次做出关于职业教育工作的重要决定,并召开工作会议进行部署。同时,出台了一系列强有力的措施,加大对职业教育的投入力度。2006~2010 年,中央财政投入 100 亿元用于加强职业教育基础能力建设,启动实施了"职业教育实训基地建设计划""县级职教中心专项建设计划""示范性中等职业学校建设计划""示范性高等职业技术学院建设计划"和"中等职业学校教师素质提高计划"等五项计划。2014 年在《国务院关于加快发展现代职业教育的决定》中提出,到 2020 年,形成适应发展需求、产教深度融合、中职高职衔接、职业教育与普通教育相互沟通,体现终身教育理念,具有中国特色、世界水平的现代职业教育体系。

第二,职业教育办学规模迅速扩大,发展势头良好。我国在职业教育体系的建设与改革方面取得了巨大的成就,职业教育快速发展,学校基础设施和教学能力显著提高,在校生人数在 2010 年达到峰值。截至 2014 年末,全国职业学历教育中,中等职业教育在校生人数为 1755.28 万人,高等教育专科在校生人数为 1006.6 万人,合计 2761.88 万人。(资料来源:中国产业信息网整理)

目前社会经济发展对"技能型"人才的需求呈现刚性结构,2010~2014 年全国中等职业学校毕业生平均就业率连续 5 年高于 96%。据 21 世纪教育研究院发布的《2014 年教育蓝皮书》公布的数据,2013 年高职高专院校毕业生初次就业率达 78.1%,高于"211 工程"大学的 75.5%。

第三,职业教育改革发展的思路更加清晰。在发展方向上,明确了"坚持走中国特色的职业教育发展路子"。在办学指导思想上,明确了"以服务为宗旨,以就业为导向"。在人才培养模式上,明确了"工学结合、校企合作、顶岗实习"。在教育教学改革上,明确了"两个加强",即加强学生的职业道德教育,加强学生实践操作能力的培养。

职业教育的快速发展,促进了教育结构的战略调整,适应了经济社会发展对技能型人才的迫切需求,进一步满足了人民群众日益增长的多样化教育需求,为促进教育公平和社会公

正做出了重要贡献。按照教育事业发展规划，中国下一步将加快普及高中阶段教育。这是继普及九年义务教育、高等教育进入大众化阶段之后，中国教育事业要实现的第三个跨越。在高等教育规模相对稳定的情况下，加快普及高中阶段教育的重要任务，主要将由中等职业教育来完成。中国政府提出，中等职业教育与普通高中的发展规模要保持大体相当，并要努力使中等职业教育规模更大一些。

第四，国际合作逐步加深。中国职业教育是世界职业教育的一部分，中国职业教育的发展需要学习借鉴其他国家发展职业教育的有益经验。加强国际合作与交流是中国职业教育发展赢得成功的重要经验，也是中国政府发展职业教育始终不渝的一个重要战略。

中国与世界上许多国家和国际组织在职业教育领域开展了广泛而卓有成效的合作与交流。如1983年始，在中国进行德国"双元制"模式试验；1990年，德国在中国合作建立三个职业教育研究所；1994年，中德双方政府发表职业教育合作交流联合声明；30多年来，中德在人员互访、合作培训、校际交流等方面持续不断。

除了继续和德国政府开展职业教育合作项目，另一个比较突出的政府间合作项目是中国加拿大高中后职业技术教育合作项目(简称"CCCL"项目)。加方提供专项援款，协助我国有关院校发展高中后职业技术教育，采取中加双方组成院校网络的合作形式组织实施。项目从1991年到1996年开始分三轮实施，中加双方各有29个和33个院校参加。项目内学校在学习国外教学模式与经验、师资培养、实验室建立、提高实践教学水平、增进学校与企业联系等方面都得到了全面提升。

我国与澳大利亚两国政府在职业教育领域也有深度合作，如2002~2007年的"中澳(重庆)职教项目"。澳方投入资金1942万澳元，中方配套投入530万澳元。项目的资助重点是重庆市5所职业技术学校。重庆市8个部委共同建立职业教育行业协调委员会；开发425个能力单元、新课程教材52套，推动中澳50多所职业院校建立合作伙伴关系。在合作中，借鉴澳大利亚C-TAFE办学模式开展试点工作。这次合作项目所取得的成果远远超过了设计文本的预期产出和职业教育与培训领域，对促进中澳两国的经贸合作、文化交融和人民友谊，均产生了积极作用。

1.2 中外职业教育教学模式的比较

1.2.1 国外主要教学模式

国外主要教学模式以能力为本位。以能力为本位的教学模式强调职业或岗位所需能力的确定、学习和运用，以达到某种职业的从业能力要求。教学目标、课程内容以职业分析为基础，重视及时反馈，重视学生自学能力的培养，强调个性化教学，以学生为中心进行教学。目前，国外体现"能力本位"课程观的主要职业教育课程模式有德国的"双元制"模式、北美的能力本位课程模式(CBE)、国际劳工组织开发的模块技能培训模式(MES)。

1)"双元制"课程模式

从20世纪60年代末开始，"双元制"(Dual System)成为德国职业教育的主要形式，这种"双元"特性，主要表现为企业与学校、实践技能与理论知识的紧密结合，每一"元"都是培养一个合格的技术工人过程中不可或缺的重要组成部分。"双元制"课程体系注重实践能力的培养,突出操作技能的训练,采用综合课程方法形成核心阶梯式课程结构,知识面宽且浅而不陋,实用性强并学以致用;特别强调完成综合性工作任务所需的各种关键能力的发展与培养,非常有利于培养"宽基础、复合型"的职业技术人才,有利于增强学生对企业生产、管理的广泛适应性,便于其迅速就业和转岗。但是,该模式过分偏重于满足企业的需求,而忽视了学生个体的全面发展。当然,"学习领域"课程方案已经在加强学生跨专业的职业能力,如方法能力、社会能力的培养上做出了很大改进。但是,随着学校在人才培养过程中承担更多的义务以及学习情境的建构,教学成本明显提高。

2) CBE/DACUM 课程模式

CBE 是英文 Competency Based Education 的缩写,意为"以能力培养为中心的教育教学体系"。是20世纪60年代末由加拿大皇家经济开发中心和美国通用学习公司合作开发出的一种新型教学模式。CBE/DACUM 课程模式强调以岗位所需职业能力为核心,对于培养应用型人才是十分有效的方法。但是,DACUM 方法也有明显的不足:它的能力分析是从行为主义的思路出发,把职业能力分解为一些细小的任务和要素,把能力等同于技能或行为,过分强调外在行为,而忽视了能力和情感方面的变化;它以胜任一种工作岗位为要求进行课程开发,职业针对性相对狭窄,难以适应技术进步和劳动力市场的不断变化,且过分强调实践技能的培养,对基本知识、基本理论的掌握相对较少,不利于学生今后的发展。

3) MES 课程模式

MES(Modules of Employable Skill)意为"模块式技能培训",是国际劳工组织于20世纪七八十年代在借鉴德国、瑞典等国的"阶段式培训课程模式"以及英国、美国、加拿大等国的"模块培训"等经验的基础上,运用系统论、信息论和控制论开发出来的职业技术培训模式,旨在帮助世界各国特别是发展中国家改变在技术工人培训上效率低下的状况。

MES 的可贵之处在于创造性地运用"模块组合"的设计思想,把某一职业按国际通用标准,分解成若干标准化的单项能力教学模块,灵活性好、适应性强。但这种模式所覆盖的职业面不够宽,其课程内容难免片面,过多强调教学内容与职业岗位要求的直接相关,有明显的工具主义、实用主义色彩。这种模式不能完全适应学校教育,是适用于短期培训的课程模式。

1.2.2 我国职业教育教学模式现状分析

1) 以学科为中心的传统教学模式影响根深蒂固

(1) 强调学科理论基础的等级性和累积性,但同时忽视了学生学习的认知规律。人对事物的认知是从特殊到一般。在学科本位的教学模式中,由于强调学科理论基础的等级性和累积性,形成了学习知识从剖析基本概念、基本特征以及范围分类入手,这些确实是前人辛苦研究、认知的结晶。但同时忽视了一点,对于学习者来说,他们的认知需要从头开始,必须遵循认知规律,否则,很难直观地、深入地接受新的知识。

(2) 教学活动是教师为主导,学生的主体作用发挥不到位。学科本位的教学模式强调"五步法",即课程预备、新知识导入、新知识讲授、将所学知识系统化、将所学知识运用于实际。在这五个部分中,新知识讲授是主体部分,知识的应用所占比例很小。大量的时间是教师在台上讲解,甚至是唱"独角戏",这样,学生学习的主体性地位很难实现。

(3)教材编写遵循了知识结构的有序性、系统性和学科结构的逻辑性规律,但对于知识的应用不够深入。理论部分非常全面系统,逻辑性也极强,但一些知识落后于现实应用,或者实践应用部分内容极少,不利于学生动手能力的掌握和提高。

2)我国职业教育教学模式的改革情况分析

我国职业教育教学模式的改革历经了职业分析导向的课程改革——工作过程系统化的课程改革。在改革中出现的范围较广、影响较大的课程模式主要是:三段式课程模式、平台式课程模式、"宽基础、活模块"课程模式和项目课程开发模式等,这些课程模式的出现促进了我国高等职业教育课程改革的发展。

(1)"三段式"课程模式。

按照学科的知识体系将课程分为基础课、专业基础课、专业课三类,或分为公共基础课、专业基础课、专业课、专业方向课四类,并按照基础课、专业基础课、专业课、专业方向课的顺序安排的课程模式,称为"三段式"或"四段式"课程模式。这种模式沿袭传统本专科的课程结构模式,以学科本位为主线对知识进行构建。这一模式在实践中有着明显的弊端。其一,课程偏重于知识内在的逻辑系统,忽视师生对知识意义的理解和创造,会使学生丧失学习的快乐体验,不利于健全人格的形成;其二,注重知识的系统性,忽视知识的生活化、实用化,学生看不到所学知识与工作实际的联系,看不到知识实际应用的场合和情境,即所学知识缺乏职业性,没有明确的就业导向性;其三,"文化基础课+专业理论课+专业实践课"三段式的课程排列方式,既会增加基础理论学习的难度,也不利于理论与实践的整合。

(2)"宽基础、活模块"课程开发模式。

"宽基础、活模块"课程模式的学名为集群式模块课程(简称KH模式),是北京市朝阳区职业教育中心蒋乃平等人于2000年提出的课程模式。这种课程模式发掘并继承了传统课程模式的长处,强调终身教育和能力本位的指导思想,以兼收并蓄、博采众长的理念,形成了既与国际接轨,又符合中国国情的课程模式。这种模块课程与原来的学科课程相比,增加了职业教育的针对性、实用性和灵活性,同时继续保持了重基础的特色。但该模式自身也有诸多的缺陷,如只是将各类课程归类于不同的模块中,而具体的课程内容仍然是学科知识的体系,用学科体系来组织知识、技能和态度,其本质仍然是学科系统化的课程模式;职业群的界定凭借学校或个人的经验,缺乏科学性;强调了学生专业能力的培养,而对学生方法能力和社会能力的培养关注不够;关注整体课程优化,而对科目课程改革关注不够等,这些都说明KH模式仍是我国职业教育课程改革过程中的探索性课程模式。

(3)项目课程开发模式。

项目课程开发模式综合运用相关的操作知识、理论知识来完成工作任务,以工作任务整合理论和实践,加强了课程内容和工作之间的联系,形成在复杂工作情境中进行判断并解决问题的能力,提高了学生的综合职业能力。项目课程虽然作为突破我国学科系统化课程模式、建构体现我国职业教育特点的具有工作过程导向式课程开发模式的一种有效方法,在课程改革中被看好,但是,它在实施中也遇到一些实际问题,主要表现在:一些学校和专业在现有条件下有时很难找到和开发完全满足要求的"项目",现有的师资水平还无法适应项目课程教学的要求,项目课程教学给以班级授课制为主要形式的教学秩序带来了挑战,需要有充足的场地、设备、现代化教学手段和资金投入等。

1.2.3 中外职业教学模式的比较

中外职业教育教学模式的主要不同点在于：前者关注知识，后者关注能力；前者注重一般的教育目标，后者注重特定的学习结果；前者强调输入，后者强调输出；前者注重群体需求，后者注重个体需求；前者按群体安排学习进度，后者按个体安排学习进度；前者以学科的方式编排，后者以模块的方式编排；前者以教育目标为导向，后者以职业需求为导向；前者以教育部门开发、编制为主，后者以行业开发、编制为主。

1.3 汽车行业技能型人才培养现状

在发达国家，从事汽车制造业的人数与从事汽车相关行业的人数比例通常为1∶10。据中商情报网数据显示：2012年1~9月中国汽车制造行业直接从业人员为379.9万人。（数据来源：《2016-2021年中国汽车零部件制造行业深度市场调研与投资前景预测分析报告》）。如果按照1∶10的比例推算，中国的汽车营销、保养、检修和金融保险等售后市场服务人员需求应超过3000万，而与现在的从业人员相比，这就形成了巨大的汽车服务行业的人才缺口。

随着近年来汽车产业成为我国国民经济的支柱产业，汽车行业越来越突显其重要性，企业与教育部都在汽车行业技能型人才培养方面进行大幅度投资。

1.3.1 国际主要汽车公司技能人才培养方法对比分析

培养高技能员工虽然是一项产出远远大于投入、实现人力资本积累和增值的过程，然而，它毕竟要求企业拥有较强的人力、物力、财力和精力。实践证明，国际主要汽车公司无不重视高技能人才培养战略，逐年加大对该项资本的投资力度，特别是在对高技能员工的培训上，不同国家的汽车制造企业对其高技能人才培养的方法千差万别，本文将它们归结为不同的模式并做比较分析（表1-1）。

各国汽车公司高技能人才培养特点　　　　　　　表1-1

国家	宏观表现	高技能人才管理主要特点	典型范例
美国	资本主义大规模生产模式；注重劳动力市场的调节作用	人才管理的制度化；重视能力，快速提拔；重视职工教育与培训；创新的工资制度；对抗性的劳资关系	美国通用汽车公司早在1995年就投入人才培训费9亿美元
日本	资本主义灵活生产的典范；注重灵活多变的市场策略	终身职业雇佣制度；重视对员工的职业培训	日本丰田汽车公司确信：只有不断地提供改进自我的机会，才能使员工建立对企业的献身精神
德国	踏实稳重的市场策略	重视培训与考核；公平竞争，双向选择，择优录用；重视操作技巧的现场培训；师徒制	德国奥迪公司人力资源管理一向力求人员少、素质好、工作效率高
韩国	集体的荣誉感和忘我的牺牲精神	重视建立职业培训制度；维持工种发展的均衡性；兼顾统一性与灵活性相结合的原则	现代汽车公司除了要求员工具备必要的技术知识和岗位技能外，第一位的是学习和不断温习企业文化

从表 1-1 可以看出,先进汽车企业都比较重视高技能员工的培训与考核。此外欧美模式还分别强调了公平性与劳资关系(工资待遇);日韩模式则看重均衡关系与员工集体荣誉感。国外优势在于善于发掘出员工的创造潜力,激发工作热情,用优厚福利待遇消除高技能员工一切杂念,全心留在所属企业并为其出力。

1.3.2 我国汽车行业技能型人才培养

1) 职业院校培养现状

学校结合行业企业发展趋势,关注人才市场需求动态,逐步优化了人才培养方案、课程标准、全部课程融入了职业素养养成教育,完成了人才培养标准的优化工作。

更加重视应用人才培养质量,教学模块丰富化,突出实践技能培养,保障教育过程整体推进。中职类院校的就业率逐步提高,企业满意度持续增长。课程与教学方法的改进与改革为人才质量提升提供了保障作用。

产学合作继续加深,成果服务区域发展,校企互动构筑就业平台。学校追踪区域产业发展和行业需求,积极开展全方位、深层次、重实效的校企合作,构建了"学校+科技园区""专业+大型企业""专业+龙头企业+企业联盟""专业+校办企业"和"专业+行业协会"等产学合作模式,构筑合作办学、合作育人、合作就业、合作发展的校企合作平台。

虽然职业院校改革在全面推进,效果越来越理想,但也存在一些问题。

(1)很多院校教学形式落后,学生学习积极性差。目前,中职学校虽然教师应用了大量的图片、视频资料辅助教学,但中职学生文化基础普遍较差,缺乏空间想象力,普遍感到"专业技术理论"难学易忘,存在厌学心理。在相应的实训教学阶段,虽然学生有较高的参与实操的积极性,但对相应的专业技术理论知识理解不透,往往只限于进行模仿性的操作训练,不能触类旁通、难以形成系统技能;对汽车零件的装配关系及传动路线、工作原理难以形成完整的认识;对"故障排除"学习时,思路不清、无从下手。学生的专业兴趣得不到激发,积极性难以进一步调动。

(2)实训设备落后,课程设置不合理。汽车运用与维修专业是一个对实训环节要求较高的专业,要求实训设备的投入非常大。目前大多数中职学校的设备配备情况基本不能满足技能实训的要求,并且实训设备落后。课程设置仍然主要沿袭着传统的以机械维修为教学重点的设置,而目前汽车大多是以先进的信息传感技术和数据处理技术为基础的汽车控制与故障诊断系统。这就决定了汽车维修人员不仅要具备相关的维修技术,而且还要具备检测设备的操作能力。另外专业基础理论课教学内容有交叉、重复,教学安排时间跨度大,彼此链接不一致。例如,在汽车电气设备构造与维修、汽车电源与起动系统检修课程中蓄电池、发电机和电压调节器部分的内容重复;同一个汽车部件总成"构造""故障分析、诊断""修理工艺"教学时间分两个学期,学生对某一总成结构的认识学习是断开、分散的。学生对相关内容的整体认识不透彻,又缺乏对汽车结构、故障诊断、修理方法的系统技能知识。因此,培养的学生往往不能满足用人企业的要求。

(3)教师的专业技能水平不高。汽车运用与维修专业涉及的知识面比较广,教师不仅需要具有理论知识和实践经验,又需要有动手操作的指导能力。目前,有相当一部分专业教师从物理、化学、机械、电子等其他学科或专业转行而来,自身没有接受过有关汽车专业的系统学习和训练,而且绝大部分教师是从各类学校毕业直接进入中职学校担任教师的,缺乏汽车相关行业、企业的实际工作经验;另外,汽车维修本身是一个技术更新很快的行业,即使具有企业实际工作经历的教师,若长期脱离生产实践,也会存在知识、技能落后的情况。总之,教师的专业技能水平普遍不高,需要进一步通过培训学习,尽快提高教师自身的综合职业能力。

2)汽车企业技能人才的创新培养措施

企业技能人才创新培养工作从"活用"角度出发,不继续沿用传统静态的模式,而要用强激励手段给予他们更多的自由发挥空间。以上海汽车工业为例,其不断追求"灵活用人"的意识,因为人力资本素质的提升可以为企业带来许多无形的收益。

(1)如建立"创意集聚"的技能人才互学培养方式。该方式是一个以一年为一个循环、以一个季度为一个单元的人才互学运行机制。在这个机制里,每年来自公司各个部门的技术主管和生产主管、技术模范和技术比武冠军都相聚在一起,研究、产生并分享那些解决公司工艺和操作方面的创意。

(2)利用互联网进行远程培训。这一概念已经被公众并被大型企业普遍接受,并且随着"学习型组织"概念的深入,越来越多的企业和个人开始关注通过网络教育,进行员工自我学习与培训,迅速提高自身的知识水平和核心竞争力。

(3)从岗位技能角度出发进一步完善技能等级制度。企业在接受社会普遍承认的职业资格证书体系,包括等级标准、考核标准、证书鉴定等条件下,结合自身所需特殊工种(如模具、熔化、制造和浇铸等工艺)颁发内部给予承认的岗位技能等级证书,进一步扩大其推行范围和各技能鉴定工作的领域和覆盖面,使技能员工都能提高自己的技能并获得相应能力的职业资格,被社会认可。

1.4 汽车专业职业教育的教学目标

近十年来,国家大力发展职业教育,而目前职业教育中汽车专业类学生的学习基础参差不齐,其一般特征为:学习目的不够明确,学习主动性差,缺乏良好的学习习惯,被动敷衍学习,不善于独立思考,独立提出问题、分析问题、解决问题的能力较差等。若不创新教学改革,激发学生的学习兴趣,很难实现职业教育的目的。

因此,教学目标是以学生技术能力培养为核心,重点突出学生专业实践能力,提高学生的职业素质和职业能力。在教学方法选取和课程体系构建中要以此为基础展开。

技能人才可分为"技术技能型""知识技能型"和"复合技能型"三种类型。"技术技能型"人才是指不仅具有技术应用及组织管理的能力,而且具备精湛的操作技能的人才;"知识技能型"人才是指"手脑并用"的人才,这类人才既具有一定的理论和技术知识,又具有较强的动手能力和实践技能,在知识创新时代,这类人才掌握高新技术知识,在工艺革新、技术改造、发明创造和技术引进中具有一定的自主研发创新能力;"复合技能型"人才是指"一专多能"的人才,能体现知识的复合性和技能的复合性,具有运用跨专业的理论和技术知识解决实际问题的综合技能。

汽车专业职业教育培养的是汽车技能型人才,因此,在教学中要实现两个转变:一是三段式(基础、专业基础、专业)教育向模块化、一体化教育转变;二是三中心的转变(以教师、教室、教材为中心向以学生、实验室、技能训练为中心转变)。

根据上述教学目标及要求,按现代汽车维修行业的关键技术进行课程体系建设,修订专业人才培养方案,开发体现工学结合特色的课程体系。课程体系应由基本能力培养模块、专项能力培养模块、岗位能力培养模块和职业关键能力模块构成。打破三段式(公共课、专业理论课、实践课)的课程体系,学生在第一阶段就接触专业基础课和技能课,基本掌握本专业必需的入门技能和基本技能后,第二阶段开始工学交替,设置企业顶岗实习。在开发出汽车检测与维修技术专业的能力标准后,确定能力培训包,能力培训包以项目作为驱动,围绕实训项目对课程进行开发,编制人才培养方案。增加教学过程的实践性、开放性和职业性,加大生产性实训、顶岗实习、专业实训课程比重,使学生在毕业时确实具备相应的上岗能力。

技能型人才培养是以能力为中心,以培养技术专门人才为目标。这里所要求的"能力"不仅是岗位能力,更应是职业岗位群能力;不仅是专业能力,也是综合能力;不仅是就业能力,更应是一定的创业能力;不仅是再生性技能,也是创造性技能。这里所要求的"技术"是建立在一定的科学理论基础上,超越于一般技能,具有一定复合型和综合性特征的技术,不仅包括经验技术,也包括理论技术。主要成分是动作技能,随着现代科技水平的不断提高,许多技能型人才的劳动组成中的主要部分不再是动作技能,其智力成分不断增加,因而,高级技能型人才,实际是包含有较高智力成分的高技能型人才,是技术型、创新型国家需要的人才。

2 中等职业学校汽车类专业技术应用领域及能力分析

2.1 汽车技术的发展历程

2.1.1 汽车的远祖

在原始社会,人们发明了一种简单的工具,将圆木置于重物的下面,然后拖着走,重物即可由一个地方移到另外一个地方,这被称作为早期的木轮运输。后来人们发现用直径大的木轮运输速度较快,于是木轮的直径越来越大,逐渐演变为带轴的轮子,这便形成了最早的车轮雏形。车轮是我们中华民族的祖先首先发明的,人类历史上的第一部车辆,也是在我们祖先灵巧的双手和智慧的开拓下,最早驶上了历史的舞台。在中国古代神话中,有黄帝造车之说,故黄帝又号称轩辕氏。轩是古代一种有围棚的车,辕是车的基本构件。所以车辆应当是黄帝首先发明的。

据史料记载:公元前2000多年的夏初大禹时代,有一位管车的大夫奚仲,是中国木车的创造者,也是世界上第一辆木车的发明者。另据史料记载:公元前1600年的商代,我国的车工技术已达到了相当高的水平,能制造出相当高级的两轮车,这种车采用辐条做车轮,外形结构精致华美,做工也不是十分复杂。到西周时期(公元前771年),马车已经很盛行了。春秋战国时期(公元前221—770年),由于各诸侯国之间频繁的战争,马车便被纳入了战争的行列,对于当时来说,这便是代表一个国家强盛的明显标志。陕西临潼秦始皇帝陵出土的战车式样,代表了2000年前车辆的制造水平。

700多年前的宋代,有位进士名叫燕肃,是一位机械工匠,宋仁宗天圣五年(公元1027年),燕肃启奏皇帝,详细说明了制造指南车和记里鼓车方法,经允许,他重新制造了中国古代文明的指南车和记里鼓车。

十六世纪的欧洲已经进入了"文艺复兴"的前夜,欧洲的马车制造风起云涌,马车的制造技术有了相当的提高。中世纪的欧洲,大量地发展了双轴四轮马车,这种马车安置有转向盘。车身方面,出现了活动车门和封闭式结构,并且在车身和车轴之间,实现了弹簧连接,使乘坐之人感觉极为舒适。

2.1.2 汽车发明家时代

19世纪末20世纪初,欧美一些主要的资本主义国家都相继完成了工业革命,随着生产力大幅度地增长,要求用于交通运输的工具也要有相应的发展。从德国人奔驰和戴姆勒于1886年制造的第一辆汽车开始,各国都争相发展汽车,使汽车工业有了日新月异的变化。法

国制成第一辆汽车的时间是 1890 年;美国是 1893 年;英国是 1896 年;日本是 1907 年;俄罗斯是 1910 年。

世界汽车的发展历史大约经历了 110 年,19 世纪末期开始至第一次世界大战期间约 20～30 年间,便形成了一个各国汽车的相继问世时期,也是发达国家汽车工业的初步形成时期。老牌德国从 1886 年开始,将眼光转向了汽车生产的阵容中来。诸如,建于 1862 年的奥贝尔缝纫机制造厂;建成于 1870 年的享歇尔铸造机械厂;建于 1873 年的布兴厂,原是用于生产火车信号装置,此时均已改为汽车制造厂。到了 1901 年,德国已有 12 家汽车制造厂,职工总数也有 1773 人,年产 884 辆汽车。7 年以后,汽车厂又猛增至 53 个,职工 12430 人,年产汽车 5547 辆,不仅能供应国内市场,而且已把大量的产品销往到国外及世界各地。但是,最有名、最悠久、最大的汽车厂,仍是奔驰和戴姆勒两个厂家。奔驰公司从 1894 年开始成批生产"维洛"牌小汽车。1901 年,戴姆勒公司首先应用了喷嘴式化油器和磁电机点火装置,使发动机的性能大为改善,到 1913 年第一次世界大战爆发以前,德国汽车工业已基本形成一个独立的工业部门。据 1914 年统计,有汽车制造职工 5 万多人,年产汽车 2 万辆,汽车占有量已达 10 万辆。在美国,杜瑞亚兄弟于 1893 年共同制造第一辆美国汽车,3 年以后,有了更多的人从事汽车制造业,其中比较有名的代表人物有亨利·福特和瑞·奥兹。福特是美国福特汽车公司的创始人,他造出第一辆车的时间是 1896 年,售价是 200 美元,年产量 600 辆。到了 1902 年,美国汽车产量已达 9000 辆。

2.1.3 汽车发展史——未来汽车

汽车发展到鱼型,关于空气阻力的问题就已经基本解决了,楔型继承了这一成果,并有效地克服了鱼型车的升力问题,使汽车的行驶稳定性有了显著的提高,楔型成为目前较为理想的车身造型。未来小客车的造型必然是在楔型车的基础上加以改进。例如,把前窗玻璃和发动机罩进一步前倾,尾部去掉阶梯状,成为真正的楔型。车窗玻璃和车身侧面齐平,形成一个平面。后视镜等将通过合理的造型,以取得最低的风阻力,或者由车内的电视屏幕来代替。总之,未来的小客车的造型将更为平滑、流畅。美国通用汽车公司的雪佛兰部研制的 AERO2002 型未来小客车已具备了这样的特点。

为了使一车多用,人们设想了一种组合式汽车。这种车有一个车头部分(主要装有动力系统),既可独立使用,也可以和不同的车厢连接,成为小货车、旅游车、冷藏车以及赛车等,根据需要随时更换。

在未来的汽车世界里还会出现几种特殊的汽车客运系统,一种是"空中公共汽车"车辆,它具有陆空两用的优点,既可以和普通公共汽车一样在陆上行驶,也可以开进特殊的飞机上,作空中旅行,减少了乘客上下飞机的麻烦。

还有一种是无人驾驶的自动小客车,它的大小和现在的小客车相近,有四个或六个座位,所不同的是这种小客车只有两个轮子,左侧是一只悬臂,与车辆左上方的轨道相接,轨道除起着向导作用外,还担负着传递自动信号、输送电力的作用。

电脑技术被广泛地运用在汽车上,将是未来汽车的重要标志。未来汽车装上电脑指挥系统,可以把驾驶员的意志和外界行驶条件结合起来转化成电信号,然后集中输送到微处理器,经过分析计算后,向车辆的各个部分发出指令。使汽车更为安全可靠。甚至可以出现无人驾驶的"智能"汽车。

将来还会出现更多造型奇特、性能卓越的汽车。例如，履带式气垫车，用充气的橡胶履带来代替汽车的轮子，可以在泥泞道路或沼泽地自由行走。无轮步行式汽车，是仿照动物行走的特征制造的，装有四条腿，下坑洼、涉泥泞都非常灵活。还有海陆空三用汽车、飞碟汽车、潜艇式汽车等。

同时，未来安全技术会越来越受关注。被动安全日益精细化，主动安全会继续得到大幅提升，被动和主动安全技术的相互融合将越来越明显。未来汽车将从"零死亡"向"零伤亡"再向"零事故"的终极目标不断前进。随着智能交通技术的发展，车路协同是未来的核心系统。智能驾驶技术的进步会越来越快，尽管完全的无人驾驶可能尚需时日，但区域的、部分工况下的自动驾驶将作为一项核心的安全技术得到应用。而且这些安全技术将与语言识别系统、数据信息交换系统以及 IT 网络技术等的进步紧密结合在一起，如图 2-1 所示。

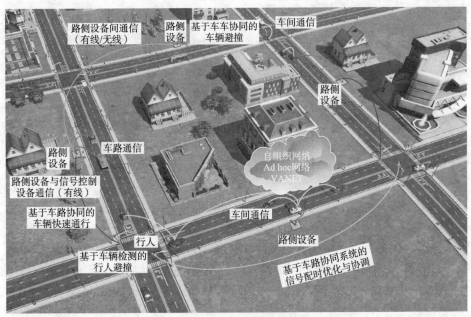

图 2-1　未来技术——车路协同与数据交互系统

2.1.4 发达国家汽车技术发展

1) 法国汽车技术发展

在汽车发展史上,法国人有着自己不可取代的地位。

早在1769年,法国陆军技术军官居尼奥就在政府的支持下试制成功了世界上第一辆具有实用价值的蒸汽汽车,从而引发了世界性的研究和制造汽车的热潮。但随后到来的法国大革命却让法国的汽车研究中断了几十年,直到1828年,巴黎技工学校校长配夸尔制造了一辆蒸汽牵引汽车,其独创的差速器及独立悬架技术至今仍在汽车上广泛应用着。

法国出现第一辆汽油汽车是在1890年,由阿尔芒·标致创立的标致公司生产。一战前,标致的年产量达到1.2万辆,到1939年时年产量达4.8万辆。而1915年创办的雪铁龙汽车公司发展更快,在20年代初年产量就突破10万辆,1928年日产达汽车400辆,占全法汽车产量三分之一。另一创办于1898年的大型汽车厂雷诺汽车公司发展也很快,1914年便形成了大规模生产,一战期间更是因军火生产而筹集了大量资金用于汽车生产。

二战期间,雷诺公司为德国法西斯效劳,为德国军队提供大量坦克、飞机发动机和其他武器,因而战争结束后,雷诺公司被法国政府接管,路易·雷诺也被逮捕。在政府支持下,雷诺兼并了许多小汽车公司,1975年汽车年产量超过了150万辆,成为法国第一大汽车厂商。标致汽车公司的产量也在战后20年内猛增十几倍,一跃成为法国第二大汽车公司,80年代更是超过雷诺而登上榜首。雪铁龙汽车公司则因经营不善而被标致汽车公司于1976年收购。

进入20世纪80年代,世界性的经济危机使法国汽车工业受到了一定的挫折,雷诺公司更是连年亏损,1984年产量急剧下降到30万辆,但几年后雷诺公司便恢复了元气,1999年3月还收购了日产汽车公司36.8%的股份。

法国汽车的总体特点就是车体较小而设计新颖,符合大众化的方向。因此,在西欧成为家庭轿车的热门,雷诺的"丽人行"微型车在欧洲曾多次获销量第一。但是在豪华车、跑车领域,法国汽车公司就不如美、德、日等国汽车公司出色,这成为法国汽车业的遗憾。

2) 德国汽车技术发展

1885年10月,卡尔·奔驰设计制造了世界上第一辆三轮汽油汽车,他的妻子贝尔塔驾驶它时走时停地开了100多公里,成为世界上第一个女驾驶员。1886年1月26日,奔驰取得了专利权,德国人便把1886年称为汽车诞生年。同年戈特利布·戴姆勒也发明了一部四轮汽油汽车。两人各自成立了自己的汽车公司,1926年两家合并为戴姆勒-奔驰汽车公司。

汽车的诱人前景使德国的汽车厂纷纷出现,一些其他行业的厂家也转向汽车生产。1901年,德国共有12家汽车厂,职工1773人,年产884辆。而到1908年,汽车厂达到53家,职工12400多人,年产5547辆。1914年一战前,德国汽车工业已基本形成一个独立的工业部门,年产量达2万辆。汽车工业的发达从某种程度上也激发了一战的爆发。

1934年1月,著名汽车设计大师波尔舍联合34万人合股成立了大众汽车公司,得到希特勒政府的支持,而随后开发的甲壳虫汽车令大众迅速成为国际性的汽车厂商。

二战德国的战败给德国的汽车工业造成了一定的损失,但从1950年开始,德国汽车工业得到了较快的发展,超过英国而成为世界第二大汽车生产国。然而1967年日本的产量超过了德国,此后德国便始终处在第三的位置,增长速度很慢。

从总体上看,德国汽车以质量好、安全可靠而著称。奔驰、宝马等豪华车和保时捷跑车在世界车坛享有盛誉,经久而不衰,其品牌含金量极高。所以,1998年春戴姆勒-奔驰公司与克莱斯勒合并时,戴姆勒-奔驰的年产量仅百万辆有余,而克莱斯勒年产量近400多万辆,但戴姆勒-奔驰取得了新公司的支配权。当然,德国汽车一味追求高档、豪华也给其市场开拓带来了一定的难度,除了大众公司能以真正大众特色的产品雄居世界十大汽车厂商第四位外,其他公司的产量都不高,这也是日本后来居上超越德国的原因。

3) 美国汽车技术发展

美国历史上第一次汽车展览始于1900年11月,在纽约市麦迪逊花园广场举行。从历次汽车展览可以看出美国汽车工业的发展历史,也可以看出美国汽车工业汽车造型及功能的发展。

19世纪末,美国的经济已经达到了比较高的水平,工业生产开始处于世界前列,它的钢铁和石油化工等工业的发展为汽车工业的发展创造了条件。1908年,福特汽车推出了著名的T型车,这种售价不足500美元,而后降到300美元,只有当时同类汽车价格的1/4甚至1/10,美国一个普通工人用一年工资就可以购买到。福特的T型车战略使汽车成为真正意义上的大众交通工具。1913年,福特公司首先在生产中使用流水线装配汽车,这给汽车工业带来革命性变化,美国随即出现了普及汽车的高潮。

第一阶段:1900年~1915年。1893年亨利·福特发明世界上第一辆以汽油为动力的汽车后7年,汽车开始大量生产,人们进入汽车时代。奥尔兹莫比汽车公司成立于1887年,是美国历史最悠久的汽车制造厂商。该公司于1903年生产的Doctor Coupe是单汽缸发动机汽车,也是该公司第一批大量生产的汽车,1903年共生产了约4000辆。1909年福特汽车公司生产的福特T型汽车为汽车制造开创了新纪元,可以说是20世纪美国甚至是全世界让汽车成为大众交通工具的先驱,因为它是世界第一条生产线上装配而成的汽车。当时的媒体一致推选福特T型汽车为20世纪最重要的汽车发明。福特采用大量生产方式,改善T型汽车,同时降低价格,也因此改变了人类的生活方式。1908年,当今全球第一大汽车生产厂商通用汽车公司成立。在这两大汽车公司的耕耘下,汽车性能益发精进,销售量蒸蒸日上。1916美国汽车销量首度突破100万辆,1920年再度建立超越200万辆的新里程碑。

第二阶段:1916年~1929年。汽车制造在这个时期日趋成熟。越来越多的中等阶层拥有汽车,而汽车的造型已经成为汽车制造过程中的一个重要步骤。通用汽车公司更率先成立艺术与色彩生产部门。在这个时期,富有人家流行汽车车身定做,即先购买某种汽车的机械部件,然后再另外设计定做车身。虽然许多被视为经典的汽车外观都是这个时期的产物,但车身定做其实是费钱而不实际的。成立于1902年的凯迪拉克汽车公司一向以机械部件优良著称。公司曾经有过把3辆汽车拆开,将机械零部件整个打散,再重新混合组合成3辆汽车的记录。这项创举,旨在强调凯迪拉克的零部件的标准化及一致性。另外,当时声望极高的高级汽车制造厂商Pierce Arrow汽车公司从1901年~1938年在纽约上州水牛城生产汽车,公司早期即采用铝合金车身并配备有动力制动。这个时期,美国汽车工业为适合消费者需求已经能够生产8缸发动机跑车,时速可达到115英里。1925年美国第三大汽车制造厂商克莱斯勒汽车公司成立。在美国经济大萧条前夕的1929年,美国汽车销量冲破

500万辆。

第三阶段：1930年~1942年，利用空气动力学原理，汽车的发动机设计在这个时期出现长足的进步。然而，第二次世界大战让汽车制造厂商投入军事车辆及机械的制造，汽车外观并无明显演变，几乎无造型可言的吉普车的出现完全是基于实际的需要。Packard汽车公司共制造7种时速可达100英里的高性能Packard Speedstar汽车，被视为当时豪华汽车的代表。当时全球市场上有15家厂商制造豪华型汽车，Packard就占了50%的市场。Franklin Sport Runabout汽车公司自1902年~1934年在纽约州的雪城生产汽车，发动机开始使用空气冷却系统。

第四阶段：1946年~1959年，随着喷气飞机时代的来临，汽车造型也趋向更低、更长、更宽，并在车后加上大大的尾翅。这个时期的汽车造型有两大特色，一是车身的防撞设计，一是尾翅的流行。50年代美国最具特色的汽车是家庭式旅行车（Station Wagon），象征着郊区家庭的美好生活。这个时期，福特雷鸟汽车曾是公司跑车的代言者。1955年公司生产的雷鸟8缸双人座敞篷跑车，车顶为活动纤维玻璃，其华丽造型获得了高度评价，后因其控制轻巧，又被喻为私人车的象征。1958年，美国汽车厂商专为纽约国际汽车展览设计了一款只有1辆的Dual Ghia 100原型汽车，具有294千瓦（400马力），最高时速为224公里（140英里），并配有当时车迷所梦想的盒式磁带汽车音响。

第五阶段：1960年~1979年，消费者抛弃以往强调越大越美的汽车造型，传统而保守的造型蔚然成风，以甲壳虫为代表的小型汽车大为流行。一些价格合理的小跑车如Mustang和Corvette等普遍受到欢迎，小型汽车市场开始增长。美国三大汽车公司都有此类产品推出，1964年福特野马跑车率先掀起小型车的革命。美洲豹E型汽车以玲珑的流线型外形赢得消费者青睐。当捷豹XKE汽车第一次在1961年的纽约国际汽车展览出现时，立刻引发轰动。这款双人座双门敞篷车时速高达150英里（240公里），而它创新的独立后悬架系统使其在当年的车展上备受宠爱。

第六阶段：1980年~2000年，从80年代起，美国汽车工业几乎难以招架日本汽车业的凌厉攻势，日本的本田、日产、三菱和富士公司相继在美国设厂。美国汽车工业为与日本汽车进行竞争，又不断推出新造型汽车，被称为小型厢式车（minivan）的客货两用轻型汽车一举成为最受家庭喜爱的车种，这种汽车的外形更接近于普通小汽车，只是车厢后部增加了可以放置物品的空间，约占车厢的1/3，驾驶时的感觉也与普通小汽车类似。而家庭轿车、双门轿车、跑车也都讲究流线型设计，一改近20年来的直线设计。90年代，多功能车又独领风骚，因为很多美国人喜欢有载货和越野功能而又可以做代步工具，并驾驶它上下班的汽车。

从20世纪初到现在，美国汽车工业已超过了100多年的历史，在与同行的激烈竞争中不断创新发展，迎合消费者对汽车造型的性能的需求，主宰了世界汽车工业，美国成为名副其实的汽车大国，工业大国。在这一过程中，美国通用汽车公司不仅成为世界最大的汽车公司，也成为世界上首屈一指的跨国集团（通用1993财政年度销售额为1336亿美元，约等于同年中国国民生产总值的45%。它消耗了美国10%以上的钢铁、25%以上的橡胶），直到今天仍没有第二家汽车公司可以取代它的主位置。

2.1.5 中国汽车技术发展

1953年7月15日是中国汽车工业发展史上值得纪念的一天，这一天，在吉林省长春市郊外，由毛泽东主席亲笔题名奠基，中国"第一汽车制造厂"破土动工，这标志着中国汽车工业的开始。

第一汽车制造厂是在苏联帮助下，引进汽车制造技术建立的中国第一家汽车制造厂。建厂初期，以仿苏中型军用载货车为主要产品。经过仅仅三年时间，1956年7月13日，第一辆命名为"解放"的中型载货汽车，驶下了长龙般的总装线，从此结束了中国人不能制造汽车的历史。为纪念这一历史性的大事，1957年5月1日，原国家邮电部发行一套"我国自制汽车出厂纪念"的纪念邮票，共2枚，分别以第一汽车制造厂的厂房外景和总装配车间为邮票图案。

1958年，在被人们称为"中国汽车之父"的第一汽车制造厂厂长饶斌的带领下，一汽生产出第一辆东风牌国产小轿车，之后又开发出第一辆2.5吨军用越野车，第一辆矿用60自卸车，第一辆高级旅游车和第一辆红旗牌高级轿车及多用途农用车等。一汽在20世纪五六十年代，汽车产量发展到年产近6万辆左右。在当时乃至很长一段时间内，在全国老百姓的心目中，"红旗高级轿车"就是地位和权利的象征。

到了1970年，一汽开始了红旗牌小轿车的批量生产，据有关资料记载统计表明，1975年，红旗轿车年产量达300辆。

改革开放后，一汽仅花了三年多的时间，就完成了举世瞩目的垂直换型，即在1983年9月完成新产品的开发，至1987年1月，新解放CA141型实现批量生产，达到国际80年代先进水平，开始了第二次创业。

在中型车换型的同时，一汽就开始了轻、中型汽车和轿车发展蓝图规划。1987年他们完成了1吨、2吨轻型汽车的设计，并引进美国克莱斯勒公司的1.8升~2.5升排量的货车生产线以及通用轿车发动机生产线和日本日产公司生产的凯普斯塔轻型客车车身，从而奠定了生产轻型汽车的基础。

1987年，国家批准一汽为全国三大轿车生产基地之一，并于1988年开始奥迪100轿车先导工程，1990年正式生产。

一汽还组成了解放汽车联营公司，其中有零部件配件和改装厂等300多家企业，形成了中国北方最大的一个企业集团，并于1993年改名"第一汽车集团公司"。目前的一汽已拥有"解放""红旗"两大民族品牌和与德国大众合资生产的"奥迪""捷达"两大品牌，形成了"轻、中、重、轿、客、微"多品种、宽系列的产品格局，产品综合生产能力达到45万辆。

中国第二大汽车公司是东风汽车公司。该公司原名"第二汽车制造厂"，今为第二汽车集团公司，创建于1969年，主要以生产中吨位货车为主，起名"东风"。

目前，第二汽车集团公司在世界范围内，也算得上是较大规模的中型货车厂家，公司总部位于湖北襄樊十堰，是中国三大轿车生产基地之一。

二汽是由一汽援建的，产品也是在解放牌汽车技术基础上吸收国外先进技术，重新设计的汽车新品。"东风"与老式"解放"比较，东风牌汽车有发动机的功率大、加速快、节省油耗、外形美观、安全舒适、操作轻便、转弯半径小、机动性好等特点，是当时深受用户欢迎的汽车。

自改革开放之后，二汽引进了国外许多先进技术，对旧东风牌汽车进行改造。与此同时，公司狠抓产品质量，不断改进设计，并与日本日产柴油机公司合作，引进国际上最先进的8吨平头式柴油载货汽车，同时又与美国康明斯发动机公司合作，引进新型柴油发动机，从而提高了国产汽车的性能和质量。

1991年，该公司和法国雪铁龙公司正式签约，成立神龙汽车有限公司，共同生产雪铁龙90年代最先进、最理想的ZX型系列经济型家庭用小轿车，起名为富康牌，仍用雪铁龙商标，年产量为30万辆。

1993年，在国家支持下，东风汽车公司联合自己的配套厂成立了东风汽车联营公司。现有集团成员约300多家，形成了中国南方汽车实力最强的汽车工业集团。

2013年，据中国汽车工业协会统计，汽车全行业完成工业总产值3723.82亿元，同比增长29.44%；产品销售收入3598.88亿元，同比增长31.05%；利润总额221.90亿元，同比增长51.14%。主要经济指标增长都比较大，实现了增产增收。汽车产业作为国民经济支柱产业的地位越来越突出。交通运输设备制造业对工业增长的贡献率首次跃升至40个工业行业之首。以汽车制造业为主的交通运输设备制造业已取代电子信息通信业，成为名副其实的领头羊。

2.2 行业现状及发展趋势分析

2.2.1 汽车行业情况

汽车产业是由整车制造商、零部件供应商、产品经销商和服务提供商组成的覆盖汽车整车、零部件设计研发、制造、销售、售后服务、报废回收全过程的庞大产业链。汽车产业链的上游行业由各种用材生产厂商构成，主要包括钢铁、橡胶、塑料、皮革等；下游为汽车整车生产和汽车维修服务。汽车产业链如图2-2所示。

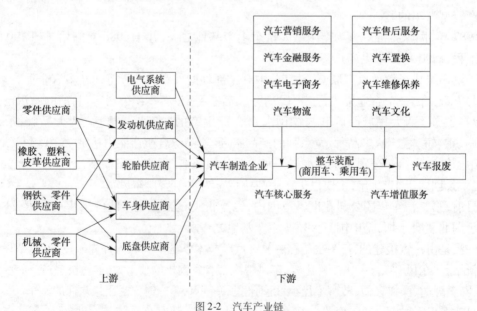

图2-2 汽车产业链

1）上游行业情况

汽车零部件生产中主要的用材涉及钢铁、橡胶、塑料、皮革等行业，在这些用材中钢材用量占第一位,涉及的细分钢材品种有冷轧板、热轧板、冷镦拉丝、生铁、轴承钢、带钢、轮毂钢等。汽车用钢是钢铁行业十二五规划中重点要求发展的产品,也是后期钢铁行业稀有重点需求用户之一。目前,国内钢铁企业已经瞄准汽车零部件钢材市场,宝钢、武钢、鞍钢等企业都在近期加大了对汽车及汽车零部件用钢的研发、销售和生产力度。

2)下游行业情况

根据汽车零部件企业与整车企业的合作关系,汽车零部件行业市场可分为整车配套市场(OEM 市场)和售后服务市场(AM 市场)。汽车整车生产企业的发展状况直接影响到汽车零部件生产企业的生产经营,汽车零部件企业伴随汽车整车行业的快速发展而发展。此外,随着我国汽车保有量的不断提升,尤其是有大量汽车进入维修期,汽车售后服务市场也迎来发展良机,成为我国汽车零部件行业未来的主要增长点。

在 OEM 市场中,原材料经过零部件厂商的加工,附加值不断加大,首先经过零部件三级供应商、零部件二级供应商,最后由零部件一级供应商集成,生产出总成零部件,运送到整车厂装车。在 AM 市场,公司生产汽车零部件,通过整车厂或直接供应 4S 店或各维修厂。

近年来,由于整车厂对零部件产品质量要求越来越高,因此,对于产业链上的各级零部件企业均需进行质量考核,只有进入质量体系的合格供应商才可以供应零部件产品。

2.2.2 汽车后市场及发展趋势

汽车后服务市场在汽车行业中占有重要地位。在国外成熟的汽车市场中,如图 2-3 所示,除去汽车整车利润后,汽车的销售利润占整个汽车业利润的 21%,零部件供应利润占 22%,而 50%~60% 的利润是从售后服务中产生的。

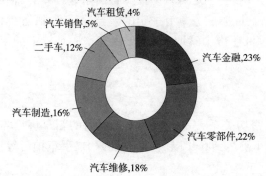

图 2-3 成熟市场汽车产业链利润分布

1)汽车后服务市场分类

汽车服务业是在汽车产业价值链中连接生产和消费的支持性、基础性的业务及这些业务的延伸业务。汽车服务业包括汽车售前、售中、售后三方面的服务。以轿车为例,售前服务是指产品开发、设计、质量控制与市场调查等成品出厂前的服务;售中服务是指促成销售的服务,包括销售咨询、广告宣传、贷款与保险资讯等服务;售后服务是指整车出售及其后与轿车使用相关的服务,包括维修保养、车内装饰(或改装)、金融服务、事故保险、索赔咨询、旧车转让、废车回收、事故救援、市场调查与信息反馈等内容。汽车服务体系构成如图 2-4 所示。

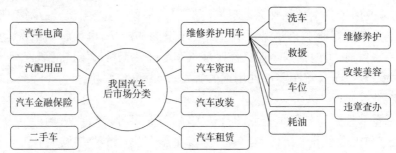

图 2-4　汽车后市场细分方向

目前市场将目光主要集中于维修、养护等环节。因商业模式尚不成熟等原因,汽车租赁、车主俱乐部、汽车广告等产业链高附加值环节还尚未被市场充分重视,预计随着国内汽车文化逐渐兴起,附加环节价值将逐渐显现。

2)汽车服务业的产业特征

(1)汽车产业链长。

汽车消费不同于其他商品。一旦消费者购买了汽车,就需要定期的加油、保养、保险、维修、缴纳各种费用,直至汽车报废、解体,其消费支出是以连续方式持续支付的。因此,对应于汽车消费的这个特点,汽车服务业涉及的范围相当广泛,其产业链也远较其他产业复杂。

(2)汽车服务具有可持续性。

在汽车业的利润结构中,汽车服务业已超越汽车制造业,成为汽车产业利润的主要来源。这固然与消费者对汽车服务业需求的极大增加紧密相关,但作为汽车商品购买活动,往往在固定的供应点被消费者购买,具有一次性特点;而汽车服务作为消费品在使用过程中,在不同时间点被消费者重复使用与购买,具有一定可贸易性。正由于这种差异,使服务供应者可以重复多次向汽车服务消费者索价,同时服务具有一定的差异性特征,服务提供者可以利用自己独特的服务,在与消费者的讨价还价中索取高价,正由于这一个特定的索价机制,保证汽车服务业拥有较高的市场利润。

3)汽车服务业的发展前景

(1)发展空间巨大。

汽车后市场需求与汽车车龄有着密切关系,一般而言,3年以内的新车售后需求较小,车龄超3年以后,售后需求开始增加;车龄达到6年以后,汽车维修、二手车拍卖等后市场需求达到最高。

根据我国历年民用汽车保有量以及新注册民用汽车数量(不考虑最近5年以内车龄汽车的报废),估算我国民用汽车车龄结构以及历年来车龄6年及以上的汽车数量,如图2-5所示。近年来,我国3年以上车龄的汽车占比接近60%,6年及以上车龄汽车占比超过35%,同时6年及以上车龄汽车绝对数在未来会有显著增长,这将使得汽车后市场行业获得巨大发展空间。

(2)产值规模将大幅增加。

截至2015年底,全国机动车保有量达2.79亿辆,其中汽车1.72亿辆,机动车驾驶人3.27亿人,其中汽车驾驶人超过2.8亿人,我国汽车保有量将来仍有较大增长空间。表2-1所示为2014年汽车后市场产值分布表。

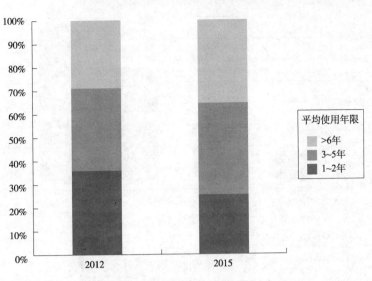

图 2-5 汽车"高龄化"趋势明显

2014 年后市场产值约 6000-8000 亿元规模　　　　　　　　表 2-1

2014 年汽车保有量	14000（万辆）
售后维修及其他花费（下限）	4000（元/辆）
售后维修及其他花费（上限）	6000（元/辆）
后市场产值（下限）	5600（亿元）
后市场产值（上限）	8400（亿元）

按照中国车龄平均保修期 3 年测算，如图 2-6 所示为近几年来的超过保修期的车辆总数，其中 2015 年我国超过保修期的汽车数量约 6700 万辆，占汽车保有量的比重为 54%。如图 2-7 所示为近几年来的中国汽车后市场产值，预计随着平均车龄逐渐延长、汽车保有量稳步增长，后市场规模将突破万亿产值。

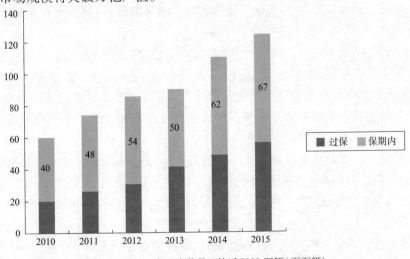

图 2-6 中国过保汽车数量已接近 7000 万辆（百万辆）

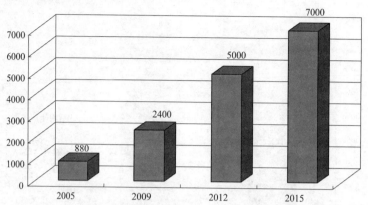

图 2-7　中国汽车后市场产值发展现状与预测（单位：亿元）

（3）发展方向呈多样化趋势。

按照服务的对象和内容，汽车服务业未来将从以下几个方向发展。

①汽车分销。汽车分销是指汽车新车的批发、零售商业的业务。良好汽车销售网络架构对促进汽车销售量具有积极的影响，这也是汽车服务业的基本业务。目前我国汽车分销体系尚处于分散状态，销售网络结构不健全。

②汽车维修和保养。汽车维修是指对汽车在使用过程中出现的故障所进行的检测与修复，以及包括更换汽车自然和非自然原因所造成的零配件损耗等汽车用品服务。目前我国的汽车市场，汽车用品质量和汽车维修企业维修水平不能得到保证，汽车相关服务远远跟不上需求，在一个侧面上阻碍了汽车工业的持续健康发展。

汽车保养是指对汽车使用一定时间可能出现的故障进行预防的服务业务，包括首次养护、阶段性保养等，良好的保养服务可以大大降低汽车故障的发生率，从而降低汽车维修费用，促进客户对服务的满意度和对品牌的忠诚度的提升。

③汽车装饰和美容。汽车装饰和美容主要是指汽车的外部装潢和内部装潢。外部装潢是在原车外形的基础上突出美观、实用、与众不同等特点。包括加装保险杠、轮架、轮眉防撞条，加装车顶排灯、挡泥板以及在车身上贴彩条等。通过加装这些物品，形成轿车外观整体形状和色彩的变化，从而突出车主的独特个性。

汽车的内部空间是车主驾车时的生活空间，同时也是展现车主个性的一个方面。内部装潢包括车窗上贴防爆膜、加装地胶、坐垫、靠垫、杂物箱、香水瓶等，豪华装饰包括加装高档视听设备、纯毛地毯等。汽车的装饰与美容可以大大提高汽车乘坐的舒适性和美观度，尤其是二手车消费者更具有装饰冲动。随着我国汽车保有量的增加和二手车交易量的增大，汽车装饰和美容业将有更大的发展空间。

④汽车信贷。汽车贷款是指贷款人向借款人发放的用于购买汽车（含二手车）的贷款，包括个人汽车贷款、经销商汽车贷款和机构汽车贷款。美国汽车信贷的发展促进了汽车在美国的普及，美国从此变成了"车轮上的国家"。良好的汽车信贷可以大幅度的促进汽车消费，汽车信贷的地位越来越重要。目前，全球汽车销售量中，70%是通过汽车信贷销售的。而在我国，这一比例不足10%。金融业对汽车信贷普遍看好，但由于国内信用制度不完善，风险较大，制约了汽车信贷业的发展。随着《汽车金融公司管理办法》的颁布实施，汽车信贷

业将出现较大的发展。

⑤汽车保险。汽车保险是财产保险的一种,在财产保险领域中,汽车保险属于一个相对年轻的险种,这是由于汽车保险是伴随着汽车的出现和普及而产生和发展的。同时,与现代机动车辆保险不同,在汽车保险的初期是以汽车的第三者责任险为主险的,并逐步扩展到车身的碰撞损失等风险。目前,大多数发达国家的汽车保险业务在整个财产保险业务中占有十分重要的地位。美国汽车保险保费收入,占财产保险总保费的45%左右,占全部保费的20%左右。日本和台湾地区汽车保险的保费,占整个财产保险总保费的比例更是高达58%左右。国内汽车保险营业额也在财产保险中居第一位。我国自1980年国内保险业务恢复以来,汽车保险业务已经取得了长足的进步,尤其是伴随着汽车进入人们的日常生活,汽车保险正逐步成为与人们生活密切相关的经济活动,其不仅促进了汽车工业的发展,扩大了对汽车的消费需求,而且稳定了社会公共秩序,促进了汽车安全性能的提高。

⑥汽车二手车交易和回收。汽车拥有者将其所拥有的汽车产权转让给别的消费者,称为汽车二手车交易。二手车交易的原因一般是原有车主汽车消费升级或者资金短缺的调剂。我国目前有许多二手车交易市场,但主要集中在各大城市。成熟汽车市场必须有良好的汽车分销体系和二手车交易市场,以此促进汽车销售和提高资源利用率。

汽车使用一定年限后,国家规定必须报废,报废车的零部件必须回收,不能再装入其他汽车使用,从事旧车拆卸,零配件回收的企业称为汽车回收业,汽车回收业对环境有影响,我国国务院制定了《报废汽车回收管理办法》,对汽车回收业做了严格的规定和限制。

⑦停车场。停车场是指汽车的专用停靠场所,一般和汽车加油站、商业区、办公区、旅游区联合建造。大型的停车场为汽车消费者提供多种汽车服务,如节约时间、安全保证、餐饮住宿、维修养护等诸多便利。近几年我国城市机动车年平均增长速度为15%,但停车设备的建设却严重滞后,由停车难引发的乱停车问题越来越严重。据有关资料显示,广州有机动车辆120万辆,而市区公共停车车位仅3万多个,许多车辆只好停在路边上。广州市对33条道路停车状况进行调查,车辆停放占道面积为40%,而上海、南京的情况比广州更为严重。

⑧汽车驾驶培训。汽车驾驶培训指汽车驾驶学校对准备获取汽车驾驶执照的消费者进行培训以帮助其通过驾驶执照考试的培训。目前我国公安交通部门规定通过正规驾驶培训的学员才能参加汽车驾驶执照考试。

在当前的"考牌热"中,驾校的培训主要应付驾照考试,造就了一大批虽然有驾照但却没有能力驾车上路的消费者。由于这些驾照拥有者中有不少人自己并没有车,参加培训只是为了先拿一个驾照而已,因此,应试培训的缺陷还没有充分暴露出来。当他们开始购车消费时,其实际技能的欠缺就会显露出来。因此,一种有别于驾照考试培训的再培训就会有相当大的市场,目前这种驾驶培训已经出现,被行内人士称为"中级培训"。

2.3 汽车服务行业人才需求及能力分析

汽车服务行业涉及汽车运用的所有领域,2013年中国汽车售后服务市场规模已超过4500亿元,从业人员近1000万,服务企业近50万家,修理厂30余万家。行业飞速发展,产业规模快速扩大。汽车产业链的每个环节对不同层次的人才需求巨大,且需求不同。

2.3.1 汽车服务企业人才需求形势分析

1)汽车服务人才全线缺乏

由于汽车售后市场的快速发展,近几年汽车行业的人才需求已经形成了一条产业链,从科技研发到技术操作、从市场销售到维修再到服务和管理,形成了一条火爆的汽车人才需求链。据教育部提供的数据显示,光汽车维修人才,全国需求量就在 100 万人左右。

"洋快修"登陆中国市场,也加剧了中国汽车维修服务人才需求的竞争。据报道,美国著名的快修品牌 AC 德科表示,计划在华东地区发展 200 家以上的汽车快修连锁店;全球第二大零部件供应商博世贸易(上海)有限公司宣布,计划在中国形成 1000 家维修网络;日本最大的汽车用品经销商黄帽子也计划在中国开设专卖店,届时在国内的专卖店将与日本一样,除经营汽车用品之外,还计划开展从销售机油、轮胎直至安装轮胎、更换机油等业务。

2)汽车服务行业对从业人员素质提出了更高要求

现代汽车服务行业从业人员面对的是机、电、液一体的高科技集成物,且种类繁多,技术更新快,对从业人员的要求越来越高。从专业能力分析,要适应汽车服务工作需要,主要应有以下要求:

(1)必备的专业知识。主要包括:电工电子技术、计算机控制技术、机械基础及汽车运行材料、汽车构造与维修、汽车故障诊断检测、汽车使用性能、汽车维修检测设备、汽车与配件营销、汽车商务、汽车服务与管理、环境保护、相关法律法规、职业道德规范等;

(2)较强的综合能力。主要包括:沟通能力、组织协调能力、继续学习能力以及外语水平等;

(3)良好的职业态度与服务意识。主要包括:不断钻研提高专业水平、遵守企业规章制度、自觉遵守职业道德规范、自觉遵守国家相关法律法规、对客户诚实与守信等。

2.3.2 我国汽车服务行业人才结构现状

1)从业人员技能水平构成分析

根据国家中等职业教育改革发展示范校建设项目相关调研表明,从业人员技能水平构成如图2-8所示,从事一线技术操作的员工,技能等级以中级工为主,原因是成功考取中级工是达到技校毕业的基本条件。中级工水平占42%,高级工水平占30%,技师水平占7%,高级技师水平占4%。部分高端品牌的汽车企业有其品牌的内部认证,全球范围内承认,员工只需考取品牌的内部证书便可达到晋升的目的,故部分人员拿到中级工证书后便不再深造。

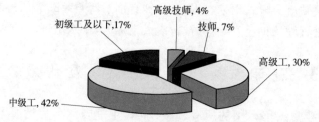

图 2-8 从业人员技能水平构成比例

2) 从业人员年龄情况分析

据慧聪研究数据,汽车服务人员年龄情况分布如图2-9所示。

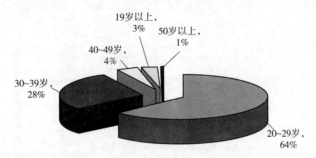

图2-9 汽车服务人员年龄情况分布

从业人员招收以社会招聘为最多,直接到汽车培训学校招聘的企业占到30%,排第二位;委托专业学校定向培养的方式比例也较高。

3) 企业用人数量需求分析

通过国家中等职业教育改革发展示范校建设项目,企业各岗位的人才数量需求如表2-2所示(以50~100人的中小型企业为例)。

汽车维修行业人才需求状况　　　　　　　　　　　　　　表2-2

程度\职业	机电维修工	电气维修	喷漆工	服务顾问	配件管理员	车间/技术主管	前台	汽车销售员	汽车美容工
紧缺	√	√	√	√				√	
较缺						√			√
暂缓					√		√		
饱和									

4) 企业对学校技能人才培养的评价与建议

在相关课题的企业调研中(调研问卷见附件),问题"您对汽车运用与维修专业毕业生专业能力期望"的响应情况如图2-10所示,排位靠前的是专业知识和专业技能、语言、文字表达能力和分析、解决问题能力,组织管理能力和社会适应能力。

5) 汽车服务人员学历情况分析

高中(含技校和职高)学历的维修人员最多,占到62%的比例;而从学历上看,4S店人员的学历层次相对较高,修理厂和小型修理部的人员的学历相对较低。汽车服务人员学历情况分析如图2-11所示。

6) 维修工人的故障诊断能力

独立的故障诊断能力是检验维修工人工作能力的重要指标,我国维修企业里具有独立的故障诊断能力的维修工人比例仅为22%,而这一比例在日本为46%,美国为84%,如图2-12所示。

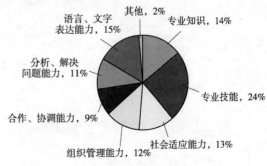

图2-10 企业对学生能力的关注情况

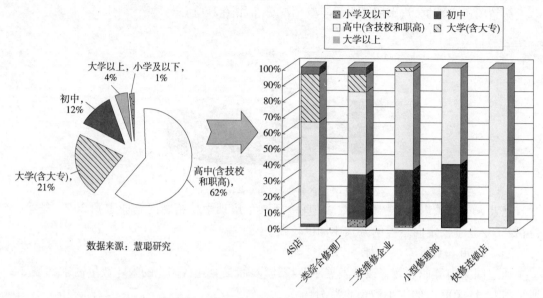

图 2-11 汽车服务人员学历情况分析

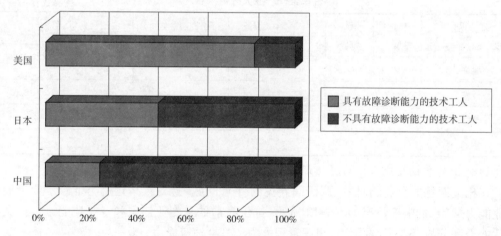

图 2-12 维修工人故障诊断能力比重

综上比较分析,汽车服务相关行业突出矛盾是人员素质远远满足不了行业发展需要,主要存在下列问题:

(1)高等级技能人才比例偏低。而发达国家维修工人上岗前必须具有技术资格证书,其初级工、中级工、高级工及以上(含技师、高级技师)的比例分别为 15%、50% 和 35%,与之相比,我国的高等级维修技术人才比例偏低;

(2)工人文化程度偏低。初中、高中、专科及以上的比例为 12%、62%、21%(发达国家为 20%、40%、40%);

(3)工人技术水平偏低。具有故障诊断能力的技术工人仅占 22%(日本为 40%,美国达到 80%);从抽样样本看,技师和高级技师仅占技术工人 9%,其中年龄在 50 岁以上者占 1%,且绝大多数知识结构老化,难以适应现代汽车维修新技术;

(4) 从业人员数量不足,难以满足日益增长的市场需求。

从调研反馈信息可知,当前我国汽车维修行业从业人员数量不足,个别岗位,如汽修工、钣金工、喷漆工、前台接待等人才的需求旺盛。特别是最近几年来,我国年均汽车保有量均以上百万辆的速度增加,汽车维修行业从业人员数量不足的问题日益突出。

2.3.3 汽车服务技术岗位及能力分析

近年,我国汽车制造业平均每年以24.5%的速度增长,而其他国外汽车巨头进入中国市场使得竞争加剧。随着汽车工业的持续高速发展,竞争日益加剧,各汽车厂家越来越重视服务体系的建立,特别是对维修等服务提出了更新的要求。但是目前国内的汽车服务行业远远不能达到这个要求,技术人员总体数量不足。汽车维修专业人才已被国家列为我国"四大紧缺人才"之首。但目前,我国汽车服务行业大多还停留在传统的汽车维修技术上,很难完成现代汽车服务需求。因而,如何加速我国汽车运用技术人才的培养,是个迫在眉睫的问题。

1) 职业岗位及学生主要就业岗位

现代汽车服务技术岗位及入职后发展前景岗位如图2-13所示,基层岗位包含前台接待、营销、二手车评估、保险、汽车维修。

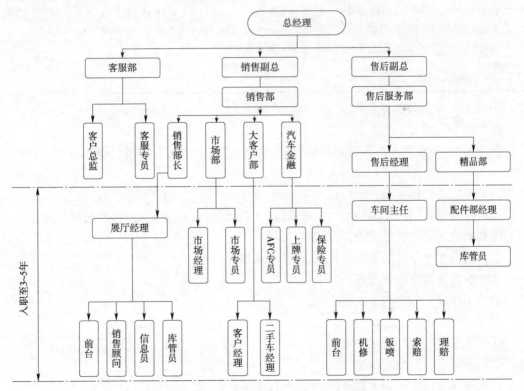

图2-13 现代汽车服务技术岗位及入职后发展前景

中等职业院校培养的学生主要从事的是汽车维修、汽车电工、汽车装调、前台接待等岗位,各岗位学生就业人数比例如图2-14所示。

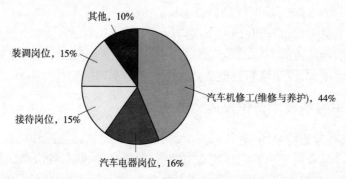

图 2-14　各岗位人数比例

2) 人才规格与知识能力要求

汽车服务行业人才规格及对专业能力、方法能力和社会能力具体要求如表 2-3。

人才规格与知识能力要求　　　　　　　　表 2-3

专 业 能 力	社 会 能 力	方 法 能 力
1. 具备基本的计算机操作能力； 2. 具备专业必需的机械、电工电子等技术应用能力； 3. 掌握汽车构造原理和维修诊断知识与技能； 4. 掌握汽车售后服务知识与技能； 5. 具有安全、文明生产和环境保护的相关知识和技能； 6. 具备正确使用外语专业资料的能力	1. 具有良好的职业道德，遵纪守法； 2. 具有良好的人际交流和沟通能力； 3. 具有良好的团队合作精神和客户服务意识	1. 制订工作计划能力； 2. 解决实际问题能力； 3. 独立学习新知识、新技术的能力； 4. 评估总结工作结果的能力

3) 典型工作岗位能力需求

A. 汽车机电维修。

负责组织、实施汽车的各级别维护保养；组织、实施对故障车辆进行检测、诊断和维修；与相关人员进行业务沟通和技术交流。

素质与能力整体要求：

①有良好的班组内部协调能力，能较好地与部门领导、业务人员及客户进行沟通；

②精通汽车各系统总成检测、诊断和维修；

③精通汽车电子控制系统的检测、诊断和维修；

④熟悉汽车维修作业流程。

具体工作任务能力要求：

(1) 汽车各系统的使用与操作。

①车辆操作手册的阅读与应用；

②汽车各系统的使用操作；

③指导客户操作车辆各系统，并予以解释说明；

④车辆紧急情况下的安全操作。

(2) 汽车各系统的测量与检查。

①选择测量方法和测量装置，估计测量误差；

②正确使用常用机械部件、电气部件的测量仪器；
③检查电气零部件和线路连接的破损情况；
④正确使用工具进行间隙、长度、角度和面积的测量；
⑤正确使用工具测量压力、温度等物理量。

(3)汽车各系统的维护与保养。
①厂商汽车维修保养手册的阅读与应用；
②车辆的移动、举升、支承和安全保护；
③检查机械和电气零部件的磨损、渗漏、变形和性能；
④检查液压、气动和电气线路、接口；
⑤检测更换或维护机油、滤清器、冷却液等；
⑥检查或调整气动系统、液压系统压力；
⑦使用解码器读取故障码；
⑧根据检查记录，计划维修的方案和措施。

(4)车辆零部件和系统的拆卸与安装。
①能识别汽车装配图、公差配合关系；
②拆卸分解汽车零部件和系统，检查并进行归类；
③零部件的整理与清洁；
④检查零部件的状况、变形和公差配合；
⑤根据维修手册进行零部件和系统的安装、调试以及功能和公差配合的检查；
⑥进行基本的维修钳工作业；
⑦记录工作和工作步骤。

(5)车辆和各系统故障的检测与诊断。
①汽车整体性能(动力性、经济性、安全性、操作性、排放等)的测试；
②标准诊断程序的应用：通过经验检查、性能检测、读取故障码以及对电气、电子、液压、机械等参数的测量和检查，确定故障的范围；
③借助电路图、接线图等资料确定故障的范围及其原因；
④发动机、底盘、电气系统的故障诊断，故障码的读取与解码；
⑤带有发动机电控系统的检查、诊断、维修和调整；
⑥自动换挡机构和自动变速器的检查、诊断、维修和调整；
⑦制动、转向、行驶等控制系统的检查、诊断、维修和调整；
⑧电气系统的检查、诊断、维修和调整；
⑨车身辅助电子系统的检查、诊断、维修和调整；
⑩车辆控制软件的升级与设置；
⑪撰写检查报告、维修结果评价和记录。

(6)车辆维修质量检验。
①掌握汽车修竣验收标准和验收规范；
②进行修竣验收场地准备、设备准备、资料准备；
③汽车行驶及操作安全的检查、记录，讲解消除缺陷的必要措施；

④使用解码器等工具确定额定值和实际值,给出调整值,执行调整并记录结果;

⑤系统地寻找产生质量缺陷和原因,并记录检查工作;

⑥评价维修质量,给出维修是否合格的结论,填写维修信息。

B. 汽车维修接待。

负责前台接待工作,是一个复杂的服务过程。通过相关调查和研究,发现专业的汽车接待人员都具备以下六个方面的能力:

①对企业业务的熟练操作能力;

②熟悉各车型的报价组成;

③具有汽车专业理论,熟悉汽车构造;

④熟悉一条龙服务规则;

⑤了解相应的政策、法规、制度;

⑥沟通交流能力。

C. 汽车电器维修。

负责机动车辆气的故障诊断、检测、维修与加装;负责本工位设备、使用工具的维护、保管,负责工序质量的自检,负责工位区域的清洁与保养。

①有较好的部门组织协调能力,能较好地与客户、维修企业进行沟通;

②具有良好的品行,自学能力,团队协作能力;做事踏实,能吃苦耐劳,遵守国家法律法规,遵守公司的相关规章制度;

③全面掌握汽车理论及汽车构造知识,有较丰富的汽车维修经验;

④能够准确地判断故障原因,并能准确估算维修价格及维修时间;

⑤具有较强的语言表达能力、组织协调能力和实际动手能力;

⑥能熟练地操作计算机。

D. 汽车装调。

负责设备的装配与调试;与客户保持服务跟踪;与保险理赔、维修等部门进行沟通联系;按照工艺要求,对故障车进行检查、排除工作,保证当日完成数,顺利交付于销售库;做好调试返修区、交验区车辆的摆放与防护工作,防止出现车辆安全事故,同时维护生产现场工作,保证生产现场满足要求。

岗位技能要求:

①掌握汽车装配基本知识;

②掌握本岗位整车调试及装配工艺内容、要求、规程等知识;

③掌握本岗位相关设备的安全操作、使用、检查和维护;

④能独立处理本岗位设备的一般故障和紧急故障;

⑤能按时对本岗位设备按规定进行保养;

⑥吃苦耐劳,爱岗敬业。

以经济和社会发展对中等职业学校汽车服务相关专业人才培养的要求为基本依据,以就业为导向,以职业能力为核心,建立一个科学、完善、具有工作过程导向的中职特色的课程体系。需突出实用性、实践性、先进性和综合性的原则,使毕业生既具备专业必需的机械、电工电子等技术应用能力,汽车构造原理和维修诊断知识与技能,汽车售后服务知识与技能,又具有继续学习和终身学习的基础、获取信息和技术交流、创新的方法能力和协调人际关系以及团队合作的社会能力。

2.4 汽车服务行业人才情况及需求调查问卷(企业)

企业名称：　　　　　　　　　　　签名或签章：
调研人员：　　　　　　　　　　　日期：

一、基本情况调查

1. 贵单位的企业经营模式是什么？
①品牌经营模式(3S、4S)；
②综合经营模式；
③专业维修经营模式(钣金维修、发动机加工、自动变速器翻新等)；
④连锁经营模式(汽车美容、快修连锁、汽车轮胎等)；
⑤汽车配件销售；
⑥其他(请具体说明)。
2. 贵单位的企业经济类型是什么？
①国有资产；②集体股份；③合资经营；④私营独资；⑤连锁加盟；⑥其他(请注明)。
3. 贵单位的企业管理模式是什么？
①品牌管理；②连锁管理；③集团管理；④自我管理；⑤其他(请注明)＿＿＿＿＿＿。
4. 贵单位新入职员工来源调查。

	本专业中职学校(人)	非本专业中职学校(人)	本专业大专(以上)学校(人)	非本专业大专学校(人)	高中/初中学校(人)	熟练工人跳槽(人)	其他(请注明)
汽车机电维修							
汽车销售							
汽车维修接待							
汽车配件管理与营销							
汽车保险理赔							
客户服务							
其他商务类岗位							
汽车钣金							
汽车喷漆							
汽车美容与装潢							

5. 贵单位员工紧缺岗位情况调查。(在符合的选项空格中打"√")

	紧缺	较紧缺	一般	不缺	其他(请注明)
汽车机电维修					
汽车销售					
汽车维修接待					
汽车配件管理与营销					
汽车保险理赔					
客户服务					
其他商务类岗位					
汽车钣金					
汽车喷漆					
汽车美容与装潢					

6. 贵单位售后服务岗位人员的数量。(备注,如果机械与电器维修未分开设置,则将人员数量填写在机械维修工种空格内)

	员工人数(人)	实习生人数(人)
机械维修		
电器维修		
汽车销售		
汽车维修接待		
汽车配件管理与营销		
汽车保险理赔		
客户服务		
其他商务类岗位		
汽车钣金		
汽车喷漆		
汽车美容与装潢		

7. 贵单位售后服务岗位是否需要中职学生?(在相应的空格中打"√")

	很需要(a.1-2人 b.3-5人 c.5-8人 d.9-12人 e.12人以上)	无所谓	暂不需要,但2年后可能需要	不需要
汽车运用与维修专业(机电维修方向)	a□ b□ c□ d□ e□			
汽车整车与配件营销专业	a□ b□ c□ d□ e□			
汽车车身修复专业	a□ b□ c□ d□ e□			
汽车美容与装潢专业	a□ b□ c□ d□ e□			

二、生产组织调查

1. 贵单位汽车维修生产工艺标准属于哪一种?

①原厂(主机厂)维修工艺;

②专业维修工艺；

③自主维修(无工艺)；

④国家标准；

⑤行业标准；

⑥企业标准；

⑦其他(请具体说明)。

2. 贵单位采用的汽车修理的作业组织方式是哪种？

①固定工位作业法(一个工作位置完成全部修理)；

②流水作业法(全部修理作业在几个连续的工作位置组成的流水线上完成)；

③其他(请具体说明)。

3. 贵单位在总成大修时采用的修理方法是哪种？

①就车修理法；

②总成互换法；

③其他(请具体说明)。

4. 贵单位机电维修车间主要的保修设备有：

A. 四轮定位仪　　　　　B. 轮胎动平衡仪　　　　C. 发动机综合诊断仪

D. 手持式汽车诊断电脑　E. 冷媒回收加注机　　　F. 汽车检测线

G. 汽车尾气分析仪　　　H. 汽车示波器　　　　　I. 喷油嘴清洗机

J. 气动废油抽取设备　　K. 拆胎机　　　　　　　L. 内窥镜

M. 探伤仪

5. 贵单位钣喷维修车间主要的保修设备有：

A. 车身大梁电子校正仪　B. 车身大梁机械校正仪　C. 点焊机

D. 二氧化碳保护焊机　　E. 铝车身修复设备　　　F. 微型缺陷修复设备

G. 打磨设备　　　　　　H. 水性漆调漆和喷涂设备　I. 油性漆调漆和喷涂设备

J. 烤漆房　　　　　　　K. 打磨房

三、企业对毕业生期望值调查(汽车运用与维修专业)

类　型	项目说明	期　望　值				
		①	②	③	④	⑤
	下列每项说明均为您对汽车运用与维修专业毕业生的期望					
	1.您对汽车运用与维修专业毕业生专业能力期望	非常需要	需要	一般	可有可无	不需要
汽车机电维修工种	汽车常规维护(保养)					
	汽车发动机内部清洁养护					
	汽车发动机油路清洁养护					
	汽车发动机机械故障维修					
	汽车发动机电器故障维修					
	汽车发动机控制系统故障维修					
	汽车制动系统维护级修理					

续上表

类　型	项目说明	期　望　值				
	下列每项说明均为您对汽车运用与维修专业毕业生的期望	①	②	③	④	⑤
汽车机电维修工种	汽车转向系统维护及修理					
	汽车传动系统维护及修理（不含变速器）					
	汽车手动变速器总成维修					
	汽车自动变速器总成维修					
	汽车轮胎维护及车轮定位					
	汽车空调系统维护及修理					
	汽车车身电器系统维护与修理					
	计算机基本操作					
	规范使用汽车通用工具与专用工具					
	具有收集、查阅汽车技术资料和记录整理已完成工作的能力					
	本专业必备的机械和材料等基本知识					
	本专业电工电子和气压液压技术等基本知识					
2.您对汽车运用与维修专业中职毕业生综合素养方面培养期望		非常重要	重要	一般	不太重要	不重要
汽车机电维修类毕业生综合素养的期望	组织管理能力的培养					
	创新能力的培养					
	市场开拓能力的培养					
	专业知识能力的培养					
	工作责任感的培养					
	工作绩效的培养					
	服务意识的培养					
	学习能力的培养					
	分析判断能力的培养					
	工作态度的培养					
	发展潜力的培养					
	工作执行力的培养					
	工作服从性的培养					
	岗位荣誉感/成就感的培养					
	工作方法的培养					
	语言沟通/交流能力的培养					
	吃苦耐劳的品质培养					
3.您对汽车运用与维修专业中职毕业生专业基础与专业拓展课程开设的建议（除专业课程以外开设的其他课程）		非常重要	重要	一般	不太重要	不重要

续上表

类 型	项目说明	期 望 值				
	下列每项说明均为您对汽车运用与维修专业毕业生的期望	①	②	③	④	⑤
专业拓展课程	汽车保险与评估					
	汽车维修前台接待					
	汽车维修企业管理					
	二手车评估					
	汽车改装					
	汽车使用性能检测					
	汽车配件及仓库管理					
	汽车精品加装					
	就业指导					
专业基础课程	汽车构造					
	汽车电工电子基础					
	机械制图					
	汽车机械基础					
	汽车专业英语					
	汽车发动机/底盘构造拆装					
	钳工实训					

4.您对汽车运用与维修专业学生毕业后考取的职业技能证书期望	非常重要	重要	一般	不太重要	不重要
汽车维修工					
汽车维修电工					
汽车驾驶证					
汽车维修从业人员资格证					
计算机等级证					
英语等级证					
其他：					

5.您认为中职学校汽车运用与维修专业毕业生职业发展方向是什么？（在可预计的经过多少年后可以延伸的升值岗位,可多选）

①企业机电车间主管　　　　②保险理赔　　　　③前台接待
④二手车评估人员　　　　　⑤保险公估人员　　⑥维修企业售后服务经理
⑦企业机电维修内部培训导师　⑧企业机电维修技术主管

6.您认为当前职业学校汽车运用与维修专业毕业生在工作中不足之处有：

3 基于工作过程的理实一体化课程开发

3.1 基本概念

1) 工作过程

广义的工作过程指的是旨在实现确定目标的生产活动和服务活动的顺序。狭义的工作过程则是指向物质产品生产。这一理解,在商务领域里就是指服务产品的生产。根据德国不来梅大学技术与教育研究所以劳耐尔(Rauner)教授为首的职业教育学专家的研究,所谓工作过程是"在企业里为完成一件工作任务并获得工作成果而进行的一个完整的工作程序","是一个综合的、时刻处于运动状态但结构相对固定的系统"。所以,工作过程的意义在于,"一个职业之所以能够成为一个职业,是因为它具有特殊的工作过程,即在工作的方式、内容、方法、组织以及工具的历史发展方面有它自身的独到之处"。

2) 典型工作任务

典型工作任务,即职业的典型工作任务,它描述一项具体的、完整的专门工作,包括资讯、计划、实施、检查和评估整个行动过程,反映了职业工作的典型内容和形式。典型工作任务具有以下特点:

(1) 典型工作任务来源于企业实践,它对人的职业成长起到关键作用。

(2) 具有完整的工作过程,即包括资讯、计划、决策、实施、检查和评估6个工作过程。

(3) 在岗位工作中出现的频次较高的较为重要的工作任务。

(4) 具有现实意义或未来意义,即可能是在目前现实工作中实际存在的工作任务,也可能是在现实工作中暂时并不存在,但预计在未来的工作中存在,并对实际工作具有较大影响。

3) 行动领域

行动领域指的是在职业、生活和公众有意义的,行动情境中相互关联的任务集合。行动领域体现了职业的、社会的和个人的需求,职业教育的学习过程应该有利于完成这些行动情境中的任务。对指向当今和未来职业实践的行动领域进行教学论反思与处理,就产生了《框架教学计划》中的"学习领域"。

4) 学习领域

学习领域是一个由学习目标描述的主题学习单元。每个学习领域由能力描述的学习目标、任务陈述的学习内容和总量给定的学习时间(基准学时)三部分构成。德国《各州文教部长联席会议》颁布的学习领域,是经过教学论加工为职业学校的教学开发的行动领域,是指向职业任务和行动过程的主题学习单元。学习领域以职业能力开发为目标,将与职业教育相关的职业、社会和个人之间的相互关系整合起来。学习领域与学生的生活空间也紧密相关。

5) 学习情境

学习情境是组成学习领域课程方案的结构要素，是课程方案在职业学校学习过程中的具体化体现。换句话说，学习情境要在职业的工作任务和行动过程的背景下，将学习领域中的目标表述和学习内容之间，进行教学论和方法论的转换，构成在学习领域框架内的"小型"主题学习单元。作为被具体化的学习领域，学习情境因学校、教师而异，具有范例性特征，是学习领域课程的具体化。实际上，学习领域是课程标准，学习情境则是实现学习领域能力目标的具体课程方案。

6) 行动导向学习理论

20世纪80年代以来出现的职业教育教学论思潮，在德国尤为盛行。与认知学习有紧密联系，都是探讨认知结构与个体活动间的关系。但行动导向学习强调以人为本，认为人是主动、不断优化和自我负责的，能在实现既定目标过程中进行批判性的自我反馈，学习不再是外部控制，而是一个自我控制的过程。在现代职业教育中，行动导向学习的目标是获得职业能力。其特点是：教学内容与职业实践，尤其是与工作过程紧密相关；学生自主学习；强调合作和交流；多种教学方法交替使用；教师是学习过程的组织者、咨询者和指导者。

7) 引导文教学法

所谓引导文是为配合学生的自主学习而开发，常以引导问题的形式出现，是指导学生独立完成学习性工作过程的提示性文字或声像材料。引导文教学法是指借助引导文，通过学习者对学习性工作过程的自行控制，引导学生独立进行学习性工作的教学方法。它有助于学生关键能力的培养，是项目教学法中最常用的方法。引导文教学法的实施包括以下六个步骤：第一步，获取信息；第二步，制订计划；第三步，做出决定；第四步，实施计划；第五步，检查计划；第六步，评价成果。

8) 理实一体化教学

理实一体化教学是指在与实际工作环境比较接近的一体化教室中进行理论教学与实践教学。基于工作过程的理实一体化教学基本内涵包括：教学以典型工作任务为载体，工作任务贯穿于整个教学过程；工作过程和学习过程有机融合，学生在员工和学生两种身份之间转换；强调工作过程的完整性，更注重隐性知识的学习；在行动中学习，为行动而学习，"教、学、做"一体化；以学生为中心的学习方式，教师是教学的组织者、引导者、咨询者和评价者。

理实一体化课程将理论学习和实践学习结合成一体；将学生认知能力发展和建立职业认同感相结合；科学性与实用性相结合，职业能力发展与遵循技术、社会规范相结合；学校教育与企业实践相结合，学生通过对技术工作的任务、过程和环境所进行的整体化感悟和反思，实现知识与技能、过程与方法、情感态度与价值观学习的统一。

3.2 基于工作过程的理实一体化课程开发流程

规范的理实一体化课程开发流程如图3-1所示，包括"岗位分析、工作过程分析、行动领域提炼、学习领域提炼、学习情境开发"五个步骤。岗位分析的方法是进行多维度企业调研，以获得毕业生就职的岗位群及成长历程。然后进行岗位工作过程分析，一般通过召开实践专家访谈会的方式进行，这样获得了岗位典型工作任务。随后通过教学专家和企业专家将典型工作任务进行归类,得到相互关联的任务集合,即行动领域。将行动领域进行教学化加工和反思,便得到学习领域(课程体系),该学习领域由工作过程系统化的课程组成。最后进行课程开发,即学习情境开发,学习情境中包含以工作过程为导向的学习单元。表3-1 详细说明了该开发过程。

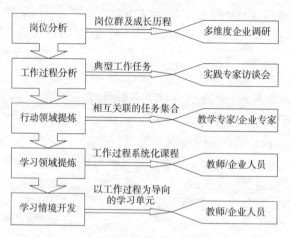

图3-1 基于工作过程、以行动为导向的课程开发方法流程

基于工作过程、以行动为导向的课程开发 表3-1

工作步骤	工作内容	工作方法	参与人员	工作成果
岗位分析	通过企业调研的方式,获得毕业生就职的岗位群、岗位能力及成长历程	多维度企业调研	专业教师	岗位群、岗位能力及成长历程
工作过程分析	采集各个工作岗位中具体的工作任务,通过统计分析和筛选获得典型工作任务,典型工作任务是重要度和频度较高的工作任务	实践专家访谈会	企业技术专家;专业教师	典型工作任务
行动领域提炼	分析典型工作任务的关联程度,依据任务的共性和地位,将典型工作任务归纳形成一个任务集合	根据任务的难度、属性等因素进行合理归类	行业、企业技术专家;专业教师	行动领域
学习领域提炼	依据教学论、方法论,考虑学生的认知规律和教学规律,将行动领域向学习领域进行转换,形成工作过程系统化的课程体系	依据教学论和方法论进行转换	专业教师、教育专家、课程专家	人才培养方案或框架性教学计划(学习领域描述)
学习情景开发	依据框架性教学计划,根据学校教学条件和学生具体情况,制订课程标准,设计学习情境和学习单元,开发相关教学资源	采用基于工作过程的课程开发理论进行开发	专业教师、课程专家、企业技术专家	课程标准、教学资源

3.3 企业调研

进行岗位分析的方法是开展企业调研。企业调研是非常重要和复杂的一件工作,企业调研要避免流于形式。

1)明确调研目的

调研目的有:调查某区域汽车维修和销售企业的数量、现状及总体用人需求情况;调查毕业生在维修企业能从事的岗位或岗位群;确定毕业生的第一任职岗位和发展岗位;调查企业员工的成长历程;调查维修企业组织机构;调查岗位能力需求。

2)选择调研的方法

企业调研的方法一般有:实地考察法、电话访谈法、文献分析法、调查问卷法等。

3)企业类型选择

在选择企业类型时要考虑周全。以汽车维修专业为例,即要调研大型综合修理厂,又要调研小型修理厂,还要重点调研中型品牌4S站。调研时重点选择位于区域经济地域中的企业。

4)调研企业的数量

在调研企业数量方面不能太少,否则会由于获取的调研样本太少使调研结果不具有科学性和普适性。建议调研的企业总数不少于30家。

5)调研表格设计

需要设计的调研表格有:维修企业综合信息调查表(表3-2)和岗位能力分析调查表(表3-3)。

维修企业综合信息调查表　　　　　　　　表3-2

企业名称		企业地点	
维修/销售车型		年度维修量	
年度销售量		企业总人数	
企业组织机构图:			
毕业生第一任职岗位		毕业生发展岗位	
企业用人需求			
企业员工的成长历程:			
企业对人才培养建议:			

岗位能力分析调查表　　　　　　　　　　　　　表3-3

企业名称		企业地点	
岗位名称		任职年限	
调研人		调研时间	
岗位所需要的能力			
专业能力			
社会能力			
方法能力			

维修企业综合信息调查表：在内容上应包括企业基本信息（维修企业名称、企业人数、维修车型、年度销售量和维修量）、毕业生在维修企业能从事的岗位或岗位群；毕业生的第一任职岗位和发展岗位；企业员工的成长历程；维修企业组织机构；调查维修企业用人需求。

岗位能力分析调查表：每一个岗位均应设计一张这样的表格，主要内容应包括：岗位名称、任职该岗位员工姓名、任职年限、所需的专业能力、社会能力和方法能力。

6）调研数据处理和分析

进行企业调研后，采集了大量企业相关信息，需要用专用统计学软件或EXCEL软件进行数据处理和分析。

7）撰写调研报告

调研报告是调研工作的一个全面总结，内容上应包括表3-4所示内容。

调研报告提纲   表 3-4

一、调研概况
1. 调研目的
2. 调研对象
3. 调研方式
二、汽车维修行业现状及人才需求分析
1. 我国汽车维修行业现状分析
2. ＊＊省汽车维修行业现状分析
3. ＊＊市汽车维修行业现状分析
4. 区域经济对汽车维修人才的需求
三、汽车维修企业多维度企业调研—岗位分析
1. 汽车维修企业岗位群分布
2. 汽车维修人员职业成长历程
3. 主要任职岗位能力需求
4. 企业经营现状及存在问题
5. 企业对人才培养的需求及建议
四、调研结论
1. 调研结论1
2. 调研结论2
……
五、调研表格
1. 维修企业综合信息调查表
2. 岗位能力分析调查表

3.4 典型工作任务及行动领域提炼

3.4.1 典型工作任务提炼

1)典型工作任务提炼的方法

典型工作任务提炼的有效方法是召开"实践专家访谈会"。实践专家访谈会召开的地点一般是在职业学校,也可以在企业进行。实践专家访谈会的主办方是职业学校。

2)实践专家访谈会基本要求

(1)挑选会议主持人。

会议主持人在整个会议中起着举足轻重的地位。对会议主持人的要求是:具有本专业丰富的教学经验,熟悉基于工作过程课程开发的基本理论,具有一定的企业实践经验,具有良好的语言表达、较强的逻辑思维和会议控制能力。

(2)挑选会议代表。

参加会议的代表为来自于企业的实践专家,实践专家的人数一般为 10~16 人。

对实践专家的要求是:当前从事的职业与分析的职业相符;具有 5 年以上的岗位工作经验;具有较好的语言表达和书面表达能力;具有较强的逻辑思维和总结能力;实践专家之间不会互相影响(没有上下级关系)。

(3)准备会议用的资料和器材。

话筒;投影仪器;白板;张贴纸;典型工作任务记录表等。

3)实践专家访谈会的流程

(1)会议开始。主持人介绍访谈会的背景、目的、方法和基本概念。

(2)明确基本概念。主持人解释概念"职业发展阶段"。指实践专家在其职业发展历程中从事过并对其个人发展产生重要影响的工作岗位、车间(部门)和其他具体的企业工作范围。这些工作岗位都是具有代表性的,反映各阶段的工作(或经营)过程。

(3)个人职业历程简述。与会实践专家叙述从接受职业教育到成为实践专家的发展过程,将这一过程划分成若干阶段(或若干个不同岗位)。

(4)实践专家在"典型工作任务记录表"中填写与职业相关的不同岗位对应的典型工作任务。在填写过程中,不允许实践专家之间进行交流。

(5)实践专家填写完表格后,主持人收齐表格,汇总人员在电脑中进行汇总。汇总时根据不同岗位,统计实践专家提炼的典型工作任务。

(6)典型工作任务讨论和梳理。对于某一岗位,如果大部门实践专家都列举了同一项工作任务,则这一工作任务可以确定为典型工作任务;如果对于某一岗位,实践专家列举的工作任务比较分散,则主持人需要组织实践专家进行讨论。

必要时,添加一些只有个别人从事过,但是对本职业有普遍意义的工作任务;或者所有组员都未从事过,但有代表性或不久以后肯定需要完成的工作任务。

(7)确定典型工作任务。主持人主持实践专家经过充分的讨论后,最终确定实践专家共同认可的典型工作任务。

(8)会议总结。主持人总结访谈会成果,展望分析成果的实际价值。

3.4.2 行动领域提炼

通过实践专家访谈会确定典型工作任务后,由于典型工作任务是离散的、无规律的且难度不同的。因此,需要按照一定的方法和规范将典型工作任务整合成若干内容相互关联的任务集合,即"行动领域"。

行动领域的提炼要遵循以下要求和规范:

(1)一个专业对应的行动领域一般为8~14个。

(2)各个行动领域之间需要排序,排序的原则是从简单到复杂,从外围到核心。

(3)行动领域的名称为"名词+动词"。

(4)每一个行动领域中的典型工作任务之间具有某种关联关系,如隶属同一个系统、难度相当或任务载体相同。

(5)行动领域反应的是岗位对应的"工作场",是基于工作过程课程开发的基础。

3.4.3 行动领域向学习领域转换

行动领域指向的是"工作场",学习领域指向的是"学习场"。依据教学论、方法论,考虑学生的认知规律和教学规律,将"工作场"向"学习场"进行转换,形成工作过程系统化的课程体系。

1) 行动领域向学习领域转换的方法

行动领域向学习领域转换的方法如图3-2所示。行动领域体现了社会、企业和个人的需求,是工作过程系统化课程开发的平台。

图3-2 行动领域向学习领域转换的方法

分析行动领域的工作过程、工作对象、工具、工作方法、劳动组织形式和对工作的要求,获得行动领域职业能力。

以行动领域对职业人的能力和要求为桥梁,转化为学习领域课程目标,课程目标用职业能力来描述,并注重职业道德的培养,再进一步分解为知识、能力和道德的具体要求。依据课程目标确定学习内容和学习时间,学习内容用工作任务描述,依据课程容量和难易程度确定学习时间,学习时间是理论学习和实践学习的总和。依据课程的作用确定课程性质,课程性质有公共学习领域、专业学习领域、拓展学习领域三种。遵循认知规律和职业成长规律对学习领域进行排序,构成学习领域课程体系。

2) 行动领域向学习领域转换的原则

行动领域向学习领域转换的原则如下:

(1) 学习领域课程的数量原则。

专业学习领域课程的数量一般在10到20个。数量超过20就会跨越这个专业所对应的职业领域的范围,或者是课程缺少整合,课程过于分散而缺少整合,就会削弱综合能力的培养;而小于10就可能覆盖不了职业岗位的工作任务,造成能力培养的缺失。

(2) 行动领域和学习领域之间的映射关系。

行动领域和学习领域之间不一定是一一对应关系,可以是一对一、多对一或一对多。

(3) 学习领域课程的排序原则。

专业学习领域课程的时间排序必须遵循职业成长规律和认知规律,形成能力递进的阶梯形结构,知识由易到难,能力由低到高,工作过程由简单到复杂,学生由新手到能手。认知规律是一切教育的基本要求,职业成长规律是职业教育的特色,只有将二者结合才能设计出有效的学习领域课程体系。

(4) 考虑学生的就业弹性和迁移能力。

将行动领域向学习领域转换时,如果单纯考虑行动领域的内容,会削弱学生的就业弹性和迁移能力。因此,还需要加上公共课程、专业基础课程和拓展课程。

(5) 学习领域课程名称的表述原则。

课程目标是一项职业能力,课程内容由一系列相关联的工作任务构成,包含完成任务所需要的知识、技能和态度,课程名称一般为"动词 + 名词"或"名词 + 动词",学习时间是理论学习和实践学习的总和。

3) 学习领域课程体系和人才培养方案

行动领域向学习领域转换后形成专业课程体系,在专业课程体系基础上增加相应内容可进一步形成人才培养方案。

人才培养方案包括十个部分:专业名称、专业代码、招生对象、学制与学历、就业方向、培养目标、培养规格、职业证书、课程体系、专业基本条件。

"就业方向"描述就业领域、初始主要就业岗位、初始次要工作岗位、可升迁的职业岗位。

"培养目标"描述为:"培养德、智、体、美、劳全面发展,掌握……,能够完成……工作,具有职业发展基础的高素质技能型专门人才。"

"培养规格"包括专业能力、社会能力、方法能力。

"职业证书"是经过本专业的学习,毕业时可以获得的职业资格证书。

"课程体系"一般用表格的形式表达学习领域课程安排的学期、学时,如表3-5所示。

课程体系结构　　　　　　　　　　　　　　　　　　　　表3-5

学习领域名称	基准学时(小时)		
	第一学年	第二学年	第三学年
学习领域1			
学习领域2			
学习领域3			
……			
总计(学时)			

学习领域课程描述一般包括学习领域名称、开设学年、基准学时、学习目标和学习内容描述。学习目标描述一般以能力的形式进行描述(专业能力、社会能力和方法能力),学习内容一般以任务的形式进行描述。学习领域课程的描述方法见表3-6。

核心学习领域课程的描述　　　　　　　　　　　　　　　表3-6

学习领域名称	
开设学年	
基准学时	
学习目标	
学习内容	

"专业基本条件"应该明确指出具备专业办学资格的条件,主要是对师资队伍和实验实训条件的基本要求。

3.5 基于工作过程的理实一体化课程开发

基于工作过程的理实一体化课程打破了传统学科体系课程的结构特点,不是采用基于知识存储的知识体系结构,而是采用"学习情境+学习单元"的结构。该结构以典型工作任务为载体,知识参照系不再是学科体系,而是行动体系。

3.5.1 学习情境设计的原则

学习情境的设计是理实一体化课程开发的关键,学习情境的设计原则如下:
(1)每一门课程的学习情境数量在3~12个之间。
(2)学习情境的载体可以是零部件、系统、故障现象等,同一门课程的学习情境载体尽量一致。
(3)学习情境的排序应该符合学生的认知规律,一般按照从简单到复杂,从经验到策略的顺序进行排列。
(4)学习情境之间的关系一般有三种:并列、递进和包含。并列是指学习情境的学习顺序可以自由选择;递进是指学习情境只能按照预定的顺序进行分别学习,学习情境难度越来越大;包含是指后面的学习情境内容包含前面的内容。

3.5.2 学习单元设计的原则

学习单元是学习情境下面的"子情境",学习单元是经过教学化加工的学习性工作任务,是教学的最小单位和环节。学习单元设计的原则如下:
(1)学习单元设计是要考虑学生的认知规律,学习单元排序上要考虑从简单到负责、从外部到内部、从经验到策略。
(2)学习单元的学时不要太长,一般为2~8学时之间。
(3)学习单元的对应的学习性工作任务要考虑封闭性、开放性和设计导向性三种类型。
(4)学习单元的任务设计要体现学习过程和工作过程,在和实际岗位任务对接时,要注入教育的因素。
(5)学习单元要配套有相应的硬件资源和软件资源。硬件资源是指理实一体化教室和实训设备、仪器、工具等。软件资源是指为学习单元开发的软件教学资源。

3.5.3 课程标准制订的规范和要求

课程标准(教学大纲)是课程教学实施的纲领性文件。进行了学习领域课程学习情境和学习单元设计后,在此基础上,添加和补充个相关信息,就可以形成课程标准。

课程标准包括课程定位、课程目标、学习情境设计、学习单元设计和要求、教学内容与教学实施方式、考核方案、教学保障等。

1)课程定位

"课程定位"是课程标准要解决的关键问题,描述要简明而准确。应该阐述本课程在专业人才培养过程中的地位,在学生职业能力培养、职业素养养成和可持续发展能力培养中的作用,本课程与前导、后续课程的关系。

2) 课程目标

"课程目标"是指学生学习完本课程之后能达到的能力目标。能力目标包括"专业能力、社会能力、方法能力"。能力目标的描述要采用"能……"的结构。专业能力主要描述与岗位工作任务相关的客户交流、制订计划、实施操作、检查与评估等方面内容。社会能力主要描述沟通交流、与人共处、团队精神等方面内容。方法能力主要描述获取信息、自主学习、改进方法、提高效率等方面的内容。

3) 学习情境设计

"学习情境设计"部分应阐明学习情境的设计思路,并对每一个学习情境进行详细描述。

设计思路部分应从多个角度说明学习情境设计的思路,如情境载体选择、情境之间逻辑关系、情境排序、车型选择等。

学习情境描述部分采用表格的形式对每一个学习情境进行详细描述。学习情境描述表格内容上包括:学习情境名称、学时、学习目标、学习内容、教学方法和建议、工具与媒体、学生已有基础、教师所学执教能力。表3-7展示了《汽油发动机管理系统故障诊断与修复》课程学习情境1的描述。

学习情境1描述 表3-7

学习情境名称:燃油供给不良故障检修	学时:32
学习目标	
能通过与客户交流、查阅相关维修技术资料等方式获取车辆信息。 能根据故障现象制订正确的维修计划。 能根据维修计划,选择正确的检测和诊断设备对电控燃油喷射系统进行故障诊断。 能使用万用表、故障诊断仪、示波器及发动机综合分析仪常用检测和诊断设备对电控燃油喷射系统传感器、控制器、执行器进行检测。 能正确记录、分析各种检测结果并做出故障判断。 能按照正确操作规范进行传感器、执行器和控制器的更换,并能进行系统匹配设定。 能对发动机进行测试,检查和评估电控燃油喷射系统修复质量。 能根据环保要求,正确处理对环境和人体有害的辅料、废气液体和损坏零部件	
学习内容	教学方法和建议
1. 燃油喷射系统分类、组成,各器件的结构和原理。 2. 燃油喷射系统传感器的结构、原理。 3. 燃油喷射系统的喷油正时,喷油脉宽控制。 4. 控制器结构组成,控制功能。 5. 燃油喷射系统的故障诊断和排除方法。 6. 常用诊断设备和仪器的使用	通过任务教学法实施教学: 将燃油喷射系统故障划分成若干个工作任务,每个工作任务按照"资讯—决策—计划—实施—检查—评估"六步法来组织教学,在老师指导下制订方案、实施方案、最终评估。 学生通过真实的车辆故障(载体),体验实际的汽车维修工作过程:发现故障—诊断故障—排除故障—维修质量评估。 教学过程中体现以学生为主体,教师进行适当讲解,并进行引导、监督、评估。 教师应提前准备好各种媒体学习资料,任务工单,教学课件,并准备好教学场地和设备

续上表

工具与媒体	学生已有基础	教师所需执教能力
实训车辆(选择三大车系典型车辆) 专用工具 检测、诊断设备 多媒体教学设备 教学课件、软件 维修资料 视频教学资料 网络教学资源 任务工单 维修工单	电工、电子学基础 发动机结构基础 汽车使用和操作经验 电子控制基础 安全操作知识	能进行燃油控制系统故障诊断和修复的演示 能根据教学法设计教学情境 能按照设计的教学情境实施教学 能够正确、及时处理学生误操作产生的相关故障

4) 学习单元设计

为便于组织教学,在学习情境下可以设置若干个学习单元,每个学习单元是一个完整的工作任务。学习单元设计部分要展示每个学习情境下学习单元的设计情况及所需学时。表3-8展示了《汽油发动机管理系统故障诊断与修复》课程学习单元的设计情况。

各学习情境及任务列表　　　　　　　　　　　　　　　　表3-8

学习情境	任务单元	参考学时	
燃油供给不良故障检修	1. 发动机管理系统认识	4	32
	2. 动力系统控制模块故障检修	4	
	3. 空气流量/进气压力传感器故障检修	4	
	4. 曲轴位置、凸轮轴位置传感器故障检修	4	
	5. 节气门位置传感器故障检修	4	
	6. 氧传感器故障检修	4	
	7. 燃油供给压力异常故障检修	4	
	8. 喷油器故障检修	4	
点火异常故障检修	1. 点火系低压电路故障检修	4	16
	2. 点火系高压电路故障检修	4	
	3. 点火正时检查	4	
	4. 发动机爆震故障排除	4	
进气不良故障检修	1. 发动机怠速阀故障检修	4	16
	2. 进气惯性增压装置故障检修	4	
	3. 动力阀故障检修	4	
	4. 可变气门正时和升程控制装置故障检修	4	

续上表

学习情境	任务单元	参考学时	
排放超标故障检修	1. 三元催化装置故障检修	4	16
	2. 废气再循环不良检修	4	
	3. 燃油蒸发控制不良故障检修	4	
	4. 二次空气喷射控制不良故障检修	4	
综合故障诊断与修复	1. 发动机起动不良	4	16
	2. 发动机加速无力	4	
	3. 发动机怠速不良	4	
	4. 发动机油耗过大	4	

注：表中各任务单元的学时只是参考学时，可根据学校实际情况进行适当调整。

5) 考核方式

指明课程考试的方式。基于工作过程的理实一体化课程的考核方式一般采用以过程考核为主、以期末考核为辅的方式。过程考核中一般有平时考核、工单考核、实操考核、口试。期末考核一般采用笔试的方式对理论知识进行考核。

表3-9展示了《汽油发动机故障诊断与修复》课程的考核方式。

考 核 要 求　　　　　　　　　　　　　　　表3-9

考评方式	过程考评（项目考评）60				期末考评（卷面考评）40
	平时成绩	工单成绩	实操成绩	口试	
	10	20	20	10	40
考评实施	根据学生平时表现考评	根据学生完成的工单情况考评	根据学生实操情况考评	通过口头提问的方式进行考评	根据期末笔试情况考评

6) 教学媒体资源

教学媒体资源部分需要列出课程的参考教材、精品课程资源等信息。

3.5.4 学习单元教学资源设计原则和要求

1) 教学资源设计原则

教学资源的开发是课程建设的重要内容，教学资源是为一体化教学服务的软件资源的总和。基于工作过程的一体化教学是以学习型的典型工作任务为载体组织教学，因此教学资源的开发也应围绕典型工作任务展开。

另外，一体化教学资源开发的内容和形式也与传统教学模式教学资源的开发有很大的区别。基于工作过程的一体化课程一般包括若干个学习情境，每个学习情境下又包含若干个任务单元。每一个任务单元是教学的最小单元，也是课程的微观环节。

根据一体化教学的特点和需求，在进行教学资源开发时要进行教学资源的"系统化"和"整体化"设计，使开发的各类教学资源在整体上能满足教学需求，相互之间具有一定的逻辑关系。

比较成功的方案是为每个任务单元统一开发7个教学资源：教学设计、教学课件、教学录像、演示录像、学生手册、技术资料、任务工单，如图3-3所示。各资源相互之间有一定的逻辑关系，且有各自特定的功能，7个教学资源形成一个任务单元或教学微观环节的教学资源包。每个教学资源在课程微观教学的各个阶段中会发挥不同的作用。

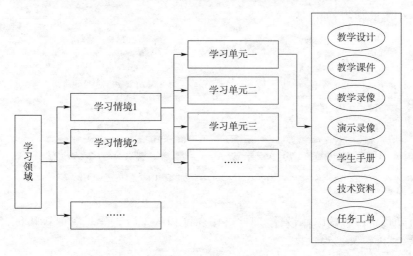

图3-3　课程教学资源

2）教学资源开发的具体要求

"教学设计"是所有教学资源中的纲领性文件，是教师对该任务单元教学的具体谋划和设计。"教学设计"的内容应包括任务名称、学时、教学场所、指导教师、教学设备和仪器、教学方法、客户任务描述和教学过程设计。

"教学课件"是教师在资讯阶段教学时使用的课件，其内容是与本次学习型任务相关的基础理论知识和相关操作知识，课件中可穿插相关的教学动画和视频。

"教学录像"是教师理论授课的录像，可供学生课下学习时观看。

"演示录像"是完成某项任务的标准操作录像，该录像给学生观看的时机非常讲究，如果学生通过自我思考和探索能够完成该任务，不建议提前给学生看。

"学生手册"的主要内容是围绕学习型任务的相关原理性知识、过程性知识及技能要点。各个任务单元的学生手册总和，相当于"一体化课程"对应的教材。学生手册是学生课上和课下学习的重要参考资料。

"技术资料"是完成学习型任务而使用的生产一线技术资料，如维修手册等。

"任务工单"也被称为"工作页"，是围绕学习型任务而设计的作业单，一般用引导性的文字引导学生完成相应的任务。任务工单要体现行动导向的教学过程，内容主要包括学生需要填写的相关知识、制订的计划、实施过程、检查及评估内容。

3.6　基于工作过程的一体化教学组织规范研究

基于工作过程的一体化教学组织规范主要包括：师资配备规范、教学过程组织规范、教学资源使用规范、教学方法选用规范等。

3.6.1 师资配备

理实一体化教学提倡采用小班教学的方式,即每个班 20 名学生。每个班配备两个教师:主讲教师 1 名、实训教师 1 名。学生分成 4 个小组,每个小组有 5 名学生。每个教师负责指导两个小组的学习,如图 3-4 所示。

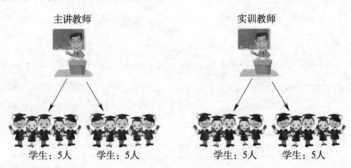

图 3-4　师资配备

主讲教师负责课程的整体设计、理论讲授和课程的全程指导。实训教师负责设备的维护、工具保管和课程的全程指导。

3.6.2 教学过程组织

基于工作过程的理实一体化教学过程中应体现"以学生为中心、以教师为主导"的教学方式,强调学生亲自体验和实践,在行动中不断构建自己的知识体系。因此,教学过程的组织应该体现"以行动为导向"。建议采用行动导向六步教学法组织教学。基于工作过程的一体化教学强调在行动中学习,为行动而学习。

因此,课程的实施过程一般要按照"行动导向教学法"的六个步骤进行:资讯、计划、决策、实施、检查和评估。在各个教学阶段学生和教师分别扮演不同的角色,完成不同的任务,如表 3-10 所示。

课程实施过程　　　　　　　　　　　　　　　表 3-10

教学阶段	教师角色	学生角色	教学资源
资讯	派发工单;分配任务;讲解讲授;接受咨询	接收工单;聆听讲解;查阅资料;填写工单	教学课件、演示录像、学生手册、技术资料、任务工单
计划	接受咨询;监督讨论;控制进度	小组讨论;制订计划	学生手册、技术资料、任务工单
决策	组织学生汇报计划;对各组计划做出点评和指导	汇报计划;讨论计划;修改计划	学生手册、技术资料、任务工单
实施	监控操作;纠正错误;接受咨询	任务分析;任务实施;过程记录	技术资料、任务工单
检查	监督检查;任务验收	任务自查;整理场地	技术资料、任务工单
评估	小组评价;提出建议;工单评估	自我评价;自我反思;提交工单	任务工单

3.6.3 教学资源使用

软件教学资源包括教学设计、学生手册、教学课件、教学录像、演示录像、任务工单、维修资料等。

教学设计是教师在课前对课程的整体设计，学生不需要了解教学设计内容。

学生手册相当于理实一体化的教材，每个学习单元配备一个学生手册，学生手册是学生在课上和课下主要的资讯材料。

教学课件是教师在资讯阶段用于进行理论和实践内容讲解的课件，学生可在课上或课下继续翻阅教学课件。

教学录像和演示录像是学生自主学习的视频资料，一般建议在课下观看。

任务工单是引导学生完成学习性工作任务的材料，每一个学习单元学生都必须具有一个工单，工单在课前发放，在完成学习单元时由教师收回评阅。

维修资料是和教学所采用的车型一致的维修资料。维修资料要采用原厂的资料，学生在完成学习性工作任务的过程中需要随时查阅。

3.6.4 教学方法选用

基于工作过程的一体化教学为教师和学生创建了一个开放的工作和学习平台。学生以团队的方式进行学习，教师和学生融于一体，学生之间以及学生与教师之间可以方便地进行沟通和交流。因此，这种开放式、情境化的教学模式使教师可以游刃有余地采用各种教学方法，使课堂变得轻松活跃、丰富多彩、富有吸引力。

一体化教学常用的教学方法有行动导向教学法、任务教学法、讲授法、案例教学法、头脑风暴法、角色扮演法等。

选择教学方法时应注意宏观教学方法和微观教学方法的有机结合。宏观教学方法如"行动导向教学法、任务教学法"要贯穿教学的全过程，在教学过程的各个阶段可以穿插微观教学方法。在资讯阶段可以使用"讲授法"进行课程讲解，也可以通过真实维修案例启发学生进行思考；在计划和决策阶段通常使用"头脑风暴法"让学生充分表达自己的思想；在实施过程中通过虚拟真实工作情境，学生通过"角色扮演"的方式体验真实的工作过程。

3.7 基于工作过程的一体化教学考核方法

课程考核是评价课程教学质量的有效手段。科学的课程考核方法调动学生学习的积极性和参与性，提高学生学习热情，从而提高学生的学习效果。基于工作过程的一体化教学应打破传统的课程考核方式，采用"以过程考核为主、期末考核为辅"的考核方法。

建议采用表3-11所示的考核评价方法进行课程的考核。

考核评分标准　　　　　　　　　　　　　　　表 3-11

考核分数分配比例	考核项目	考核内容	评分标准	分数分配
过程考核（60%）	平时成绩	1. 出勤情况（迟到、早退、旷课、请假） 2. 课堂表现（理论表现、实训表现）	1.（0~5分） 2.（0~5分）	10
	工单成绩	1. 资讯部分 2. 计划与决策部分 3. 实施部分 4. 检查部分	1.（0~5分） 2.（0~5分） 3.（0~5分） 4.（0~5分）	20
	实操成绩	1. 正确使用检测仪器 2. 检测流程正确 3. 检测结果正确 4. 分析结果正确 5. 劳动安全与环保	1.（0~2分） 2.（0~4分） 3.（0~6分） 4.（0~6分） 5.（0~2分）	20
	口试成绩	三个学生一组，以抢答的方式回到教师提出的问题。问题包含基础理论和实践操作两部分内容	按照答对的题目的多少给分，满分为10分	10
期末理论考核（40%）	理论试卷	1. 发动机管理系统的组成、结构、功能 2. 点火系统组成、原理 3. 燃油系统组成、原理 4. 进气控制系统组成、原理 5. 排气控制系统组成、原理	1. 试卷题型包括：名词解释、选择题、判断题、问答题、分析题 2. 各题型评分标准详见试卷评分标准	40
合计				100

4 职业教育教学方法及专业教学案例

4.1 职业教育教学方法体系

4.1.1 教学及教学观

现代职业教育的目标是培养具有综合职业能力的新型劳动者——高素质技能型人才,他们不仅具有专业能力还具备所谓跨专业的关键能力。在现代教学理论看来,学习是个体建构自己知识的过程,这意味着学习是主动的,学习者不是被动的刺激接受者,他要对外部信息做主动的选择和加工。学习过程并不是简单的信息输入、存储和提取,而是新旧经验之间的双向的相互作用过程。

1) 教学观含义

教学是学校的中心工作,是育人的基本实践活动。教学观就是教师对教学的认识或对教学的主张,具体地说,就是教师对教学目标、教学过程、教学对象等基本问题的认识。教师从这一认识出发,确定教学目标,选择教学方法,并确定教师在教学中对教育对象采取的态度。因此,有什么样的教学观,就有什么样的教学行为,不同的教学行为必然导致不同的教学效果。

2) 传统教学观

长期以来,陈旧的教学观念禁锢着人们的思想,影响支配着教师的教学行为,并表现在平时的教学工作中。

首先,将教学目标的确立直接指向知识的传授,为了应付考试,让学生最大限度的认识和记忆课堂传授的知识,这也是教学的中心和唯一任务。教师忽视会学生将来的发展,忽视学生的个性差异,忽视能力与非智力因素的培养。

其次,教师主观任教,忽略学生的"学",学生成为被动接受知识的"容器",信息交流的方式是单一的,课堂成为讲堂。由于教师不够重视对学生活动的反馈,不注意接受学生在课堂学习中的反应,或者忽略了学生在课堂学习中的客观规律,学生缺乏学习的主动性和积极性,学生只是扮演了配合教师完成教案的角色。

再次,教师在课堂上"以练代讲",让学生做大量的练习,没有留给学生充分思考、消化知识的时间,从而占据了学生课堂上的自主学习时间,"题海战术"加重了学生的负担。

几十年来的历史表明,上述以教师中心的、传授式教学难以当此重任。时代要求我们必须进行教学观的革命,树立现代教学观。

3) 现代教学观

教学观支配着教师的教学实践活动,决定着教师在教学活动中采取的态度和方法。由教师的"教"向学生的"学"转化是现代的教学观,现代教学观要求使用发展的观点看待学生,体现在教学方法上追求以学生为中心的教学过程,强调学习要指向学生的需求、兴趣,要激发学生的动力,让学习主动投入到学习过程中去,形成与情境相连的社会性学习。注重学习过程中的脑(认知领域)、心(情感领域)、手(技能领域)并用,使学生既知道"是什么",又知道"怎么做"。

4.1.2 几种典型的职业教育教学方法体系

教学方法是指为完成一定的教学任务,教师与学生在教学过程中的共同活动,即在认知与实践活动中采取的途径和手段。伴随着职业教育教学方法论研究的日益深入,职业教育教学实践的重心也出现了两大变化:一是教学目标重心的迁移,即从理论知识的存储转向职业能力的培养,导致教学方法逐渐从"教"法向"学"法转移,实现基于"学"的"教";二是教学活动重心的迁移,即从师生间的单向行为转向师生、同学间的双向行为,导致教学方法逐渐从"传授"法向"互动"法转移,实现基于互动的"传授"。

随着职业教育教学改革的不断深入,行动导向教学已经成为职业教育教学改革的热点和趋势。行动导向教学法是20世纪80年代世界职业教育教学论中出现的新思潮。由于新教学法对于培养人的全面素质和综合能力方面起着十分重要和有效的作用,所以,日益被世界各国职业教育界与劳动界的专家所推崇。国内外职业教育界对它的认识和评价超出了对一个简单教学法的认识。这是一个很特殊的现象,值得我们重视。

所谓行动导向,是指学习是个体的行动,学生是学习的行动者,教师是学习行动的组织者、引导者、咨询者,为了行动来学习并通过行动来学习,从而达到"手脑统一"。行动导向教学的最大作用,在于既可使学生尽快掌握专业技能,又培养了学生解决实际问题的方法能力、与人协作共事的社会能力和创新精神。

行动导向教学方法体系与传统注入式教学方法体系、启发式教学方法体系一起,构成了职业教育的完整的教学方法体系系列,如图4-1所示。

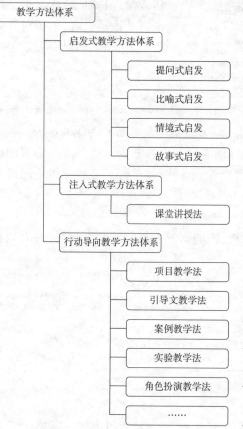

图4-1 职业教育的教学方法体系

4.1.3 汽车运用与维修专业行动导向教学的特征分析

行动导向教学的理论基础是建构主义理论。建构主义理论最早由瑞士著名心理学家让·皮亚杰(Jean Piaget)提出。建构主义理论认为,知识不是通过教师传授得到的,而是学生在一定的情境下,借助他人(包括教师和同学)的帮助,利用必要的学习资料,通过意义建构的方式而获得。基于建构主义的教学法要求,在学习过程中以学生为中心,教师扮演帮助者角色,利用情境、协作、会话等学习环境要素,充分发挥学生的主体性和创新精神,使学生达到对当前所学知识的意义建构。

汽车运用与维修专业涉及的课程不是以某个单一的学科教学来完成,它需要将各相关课程进行整合,如《汽车故障诊断与检测技术》,包括《发动机机械结构与检修》《底盘构造与检修》《汽车电器原理与检修》及《发动机管理系统原理与维修》等课程基础。另外,为了保证教学质量加之客观条件限制,教学一般只是以一两种主流车系为例开展教学,如市场上保有量比较大的大众车系和丰田车系;即便以某一种主流车系为例,车型之间又有差别,所以教学过程中选用的一定是最具有代表性的车型。教师在教学中的目的是使学生掌握学习方法,这样学生就能够触类旁通,因为不同车型的基本结构和工作原理是相同的,学生可以有效地进行理论知识和实践技能的迁移。为了培养学生的职业能力,要求学生具有较强的操作能力和协作能力,汽车维修专业职业教育适合采用行动导向教学法。图 4-2 所示为一个完整的行动过程。

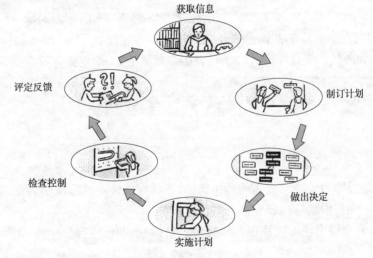

图 4-2 完整的行动过程

行动导向教学是一种教学理念,通常把基于行动理论基础上的教学统称为行动导向教学。行动导向教学的主要内容包括:项目教学法、引导文教学法、案例教学法、头脑风暴法、角色扮演教学法等。

行动导向教学的主要特征:

(1)行动导向教学是一种教学设计的理念而不是一种方法。它为设计者提供更大的自由空间以组织教学过程。

(2)行动导向教学的中心是学生。学生作为行动个体,可以积极参与到教学过程的设计中,可以独立自主的决定行动目标,路径和手段并进行反思。

(3)行动导向教学中,教师在教学过程中扮演学习伙伴的角色,帮助学生完成学习任务。

(4)行动导向教学是以自我控制学习和自我决定学习为主。

(5)行动导向教学中,教师进行教学设计首先意味着为学生创造学习条件。

(6)行动导向教学在职业教育和培训中,目标在于培养职业行动能力中的专业能力,方法能力和社会能力。即全面发展学生的人格,在社会环境下权衡自己的利益,积极应对职业生活情境,培养全面的职业行动能力。

(7) 行动导向教学中学生的学习具有两个平行的行动层面:一个是在有组织的学习过程中的行动;另一个是非组织性的学习过程中的行动,如在工作生活和个人生活中自行安排学习行动。

(8) 行动导向教学是认知、情感和精神层面学习过程完整的统一体。在学习中,个体和集体的教学活动互为补充,学习内容要尽可能地调动多个感官,并且是描述性的、标准规范的。

(9) 行动导向教学,教师在教学设计中,要求注意以下几点:
① 以执行学习行动为导向,确定目标,分析问题,获取信息;
② 计划行动,进行决策,执行行动;
③ 对行动结果进行检查和评价并反思。

(10) 行动导向教学一方面是根据学习的内在逻辑而产生的,其次是以学科体系为基础而产生。

(11) 行动导向教学以案例化的形式出现,这些案例是基本的学习对象,对于学生的行动来说,学生通过行动所获得的知识可以迁移到相类似的情景中。

(12) 行动导向教学使授课方式和学科分类变得灵活,为学生提供了空间。

4.2 课堂教学分析

4.2.1 课程授课计划

授课计划是教师组织课堂教学的具体安排,任课教师应在熟悉教学大纲,通晓教材内容的基础上对这个课程做教学内容安排,即授课计划。

表4-1为《发动机电控系统原理与检修》授课计划的部分内容。

授 课 计 划　　　　　　　　　　　　　　　　表4-1

课程名称	发动机电控系统原理与检修			
专业名称			班级	
任课教师			辅导教师	
___学年—___学年 第___学期	总学时		周学时	
周次	教学课题	讲课时数	实验时数	习题课、课程设计作业数量	教学场地
1	1.1 电控发动机的认识	4			
2	1.2 控制器故障检修	4			
3	1.3 进气流量/进气压力传感器的检测	4			
4	1.4 曲轴位置、凸轮轴位置传感器的检测	4			
5	1.5 节气门位置传感器的检测	4			
6	1.6 氧传感器的检测	4			
	……				

授课计划的重点是对这个课程授课内容的把握和设计,教师在做授课计划时应该对整个课程内容有了时刻的理解之后,找出整个课程内容的重点和难点。设计授课计划时还应该包括对课程的授课方式、授课时间、作业和实验内容进行详细设计。

4.2.2 教学设计与教案

1)教学设计

(1)教学设计定义。

教学设计是在分析教学需求与问题的基础上,进一步确定解决教学问题的步骤和方案,通过评价和反馈来检验方案实施的效果,并修订完善方案,以优化教学的一种规划过程操作。

教学设计是根据教学对象和教学目标,确定合适的教学起点与终点,将教学诸要素有序、优化地安排,形成教学方案的过程。它是一门运用系统方法科学解决教学问题的学问,它以教学效果最优化为目的,以解决教学问题为宗旨。

(2)教学设计特征。

具体而言,教学设计具有以下特征。

①教学设计是把教学原理转化为教学材料和教学活动的计划。教学设计要遵循教学过程的基本规律,选择教学目标,以解决"教什么"的问题;

②教学设计是实现教学目标的计划性和决策性活动,教学设计以计划和布局安排的形式,对怎样才能达到教学目标进行创造性的决策,以解决"怎样教"的问题;

③教学设计是以系统方法为指导,把教学各要素看成一个系统,分析教学问题和需求,确立解决的程序纲要,使教学效果最优化;

④教学设计是提高学习者获得知识、技能的效率和兴趣的技术过程,教学设计是教育技术的组成部分,它的功能在于运用系统方法设计教学过程,使之成为一种具有操作性的程序。

(3)教学设计目的。

是为了提高教学效率和教学质量,使学生在单位时间内能够学到更多的知识,更大幅度地提高学生各方面的能力,从而使学生获得良好的发展。

(4)教学设计方法。

①教学设计要从"为什么学"入手,确定学生的学习需要和教学的目的;

②根据教学目的,进一步确定通过哪些具体的教学内容和教学目标才能达到教学目的,从而满足学生的学习需要,即确定"学什么";

③实现具体的教学目标,使学生掌握需要的教学内容,应采用什么策略,即"如何学";

④要对教学的效果进行全面的评价,根据评价的结果对以上各环节进行修改,以确保促进学生的学习,获得成功的教学。

(5)教学设计原则。

①系统性原则。

教学设计是一项系统工程,它是由教学目标和教学对象的分析、教学内容和方法的选择以及教学评估等子系统所组成,各子系统既相对独立,又相互依存、相互制约,组成一个有机的整体。在诸子系统中,各个系统的功能并不等价,其中教学目标起指导其他子系统的作用。同时,教学设计应立足于整体,每个子系统应协调于整个教学系统中,做到整体与部分辩证地统一,系统的分析与系统的综合有机地结合,最终达到教学系统的整体优化。

②程序性原则。

教学设计是一项系统工程,诸子系统的排列组合具有程序性特点,即诸子系统有序地成等级结构排列,且前一子系统制约、影响着后一子系统,而后一子系统依存并制约着前一子系统。根据教学设计的程序性特点,教学设计中应体现出其程序的规定性及联系性,确保教学设计的科学性。

③可行性原则。

教学设计要成为现实,必须具备两个可行性条件。一是符合主客观条件。主观条件应考虑学生的年龄特点、已有知识基础和师资水平;客观条件应考虑教学设备、地区差异等因素。二是具有操作性。教学设计应能指导具体的实践。

④反馈性原则。

教学成效考评只能以教学过程前后的变化以及对学生作业的科学测量为依据。测评教学效果的目的是为了获取反馈信息,以修正、完善原有的教学设计。

2)教案

(1)教案定义。

教案应当是课堂教学思路的提纲性方案。是教师为顺利而有效地开展教学活动,根据教学大纲和教材要求及学生的实际情况,以课时或课题为单位,对教学内容、教学步骤、教学方法等进行的具体设计和安排的一种详细的实用性教学文书。教案包括教材简析和学生分析、教学目的、重难点、教学准备、教学过程及练习设计等。有的教案还留有课后教学反思。

当设计完成一个教案的同时,在备课教师的头脑中就会形成一个完整的授课方案。撰写出来的教案也只是实施课堂教学过程的一个骨架结构,不需要将课堂中教师所说的每一句话、每一个想法、每一件事都写进教案中去。在课堂教学实施的过程中,会有许多的不定因素出现,要靠备课时准备充分,靠平时的知识积累,靠实事求是地真诚对待。

(2)教案撰写依据。

教师在进行课堂教学时的两个依据:一是依据课程标准(大纲),二是依据教材。又要根据学生的实际情况、教学的环境、教师自身能力、社会科学技术的发展变化,以及考虑教育教学思想理念的变化等因素的影响,又不完全依赖课程标准和教科书,充分发挥出自己的主观能动性,要在课堂教学中展示出自己的特色来。

【注意事项】

教师在进行课堂教学时的一个原则:不能出现任何的科学性错误。不能将不确定的(可能是……)、自己臆想的(应该是……)、没有科学依据(我认为……)的东西交给学生。

(3)教案撰写基本要求。

学科教案设计,都有一个基本要求。教师在达到了基本要求之后,要写出学科特色和个人的教学风格来。因此,教案设计要灵活多样,注重实效。同一个教学内容,在同一时期,不同的教师设计的教案形式可以不同。同一个教学内容,在不同时期,同一个教师设计的教案也会不同。每个人都有自己的设计方法和风格,只求基本部分相同,不求完全相同。

①教案中必须有：

教学内容（教学课题）、教学目标、教学重点、教学难点、板书设计（及演示文稿.ppt）、主要教学方法、教学工具、各阶段时间分配、教学过程（五个环节）、教师活动、学生活动、各阶段设计意图、课后评价与反思等内容。

【注意事项】

教师的备课和讲课，一方面要依据课程标准和教材，另一方面要根据该地区的情况、学校的条件、学生接受能力和水平适当调整。要发挥出自我，要体现出自身的价值来，让听课的专家、领导和教师在课堂上能够"找到有悟性的您"。

②青年教师教案要详细，有经验的中老年教师教案要简洁（简洁不简单）。

③在课堂实施的过程中，也要根据实际的课堂教学情况的变化而变化，能够灵活多变地、轻松自如地驾驭课堂，不拘于教案。

④设计教案目的是在上课时，给自己看的。不是给学生或是其他什么人看的。

（4）教案示例。

教案示例一：《汽车车身电控系统原理与检修》的汽车空调制冷系统的授课教案见表4-2所示。

《汽车车身电控系统原理与检修》汽车空调制冷系统的授课教案　　　表4-2

课题名称		§5.2 汽车空调制冷系统	课型	理论课
教材		《汽车车身电控系统原理与检修》董恩国等 著	参考教材	《汽车空调结构与检修》张蕾等 著
授课对象		汽车维修专业二年级	授课时间	90min
教学目标	知识目标	1. 掌握汽车空调制冷系统的组成； 2. 理解并掌握汽车空调的制冷原理； 3. 了解汽车空调制冷系统的分类； 4. 掌握膨胀阀的工作原理		
	能力目标	1. 能应用汽车空调制冷原理分析家用空调和冰箱的实际问题； 2. 提高提出问题、分析问题、解决问题的能力； 3. 学会解决问题的基本方法		
	情感目标	1. 培养学生主动从生活中寻找科学原型的习惯，激发学生对课程的学习兴趣； 2. 培养学生理论联系实际、积极思考和自主训练的精神； 3. 培养学生严谨科学的思维习惯		
教学重难点及处理方法	教学重点：制冷循环的四个工作过程	处理方法：精心设计PPT动画，逐步演示制冷剂在每个阶段发生的状态变化，然后通过板书分析制冷循环整个流程加深学生对整个过程的理解。在讲授过程中，通过提问启发学生思考		
	教学难点：制冷系统的主要部件存在的必要性	处理方法：首先，通过视频演示与PPT图片相结合给学生介绍每个部件的作用；接着，以板书形式列出重点内容；然后，课堂留出2分钟时间，让学生思考，假设相应部件不存在对制冷系统工作的影响。最后，对学生的答案进行总结点评，突破难点		

续上表

教材分析	本课程选用的教材是董恩国主编的《汽车车身电控系统原理与检修》的最新版。该教材既反映了领域基础性、普遍性的知识，又紧跟科技发展，内容丰富、结构完整、概念清晰、易学易懂，符合大学生的认知规律。该教材涵盖教学大纲内容，兼顾知识的广度和深度，适用面广；引入多种图形对电控系统的组成、部件结构、工作原理等进行讲解，方便了学生的理解和记忆；注重知识的实际应用能力，每章都包含相应系统故障诊断的基本方法及步骤等，便于提高学生对知识的应用能力，对于大四学生未来就业提供一定的知识储备
学情分析	本课程的授课对象是汽车维修专业二年级的学生。 知识层面：已学习过《汽车构造》《汽车电工基础》等课程，基本了解汽车车身的组成以及电子控制的基本原理与方法。但是，学生对于汽车空调接触较少，理解新内容的能力较弱。因此，在教学过程中要采用视频动画、PPT图片与板书相结合的方法，逐渐加深学生对新知识的理解和掌握，并在授课过程中放慢速度，给学生思考的机会，循序渐进地构建知识。 能力层面：解决题和归纳概括能力较差。因此，要注重培养学生解决问题的能力，让学生学会发现问题-分析问题-解决问题的基本思路，并注重知识迁移和合作学习。 情感层面：学生上课热情不高，注意力不集中。所以我在上课过程中会结合4S店汽车空调相关的维修与保养、自主创业、空调科研发展前沿等内容进行授课，同时，通过提问、练习、启发、播放动画和视频等多种方法吸引学生的注意力，全面调动学生的积极性
设计思路与教学方法	1.空调是日常生活中常见的设备，采用情境教学法让学生经历提出问题、分析问题、解决问题并对解决办法进行分析的基本过程； 2.本节课以家用空调常见的现象进行导入，激发学生兴趣的同时激活学生的思维，运用悬念式导入方法，引导学生主动思考其背后的科学原理； 3.通过图片"制冷系统在汽车上的布置图"，让学生对系统有了整体的认知。然后细致讲解各部件的作用，然后再反问学生，各部件所在位置的科学依据； 4.通过板书，以流程图方式，给出制冷循环的四个工作过程，并标注制冷剂在各过程中的存在状态，引导学生准确把握重点和难点； 5.通过对比图，提问学生查找两幅图片不同，引出制冷系统的分类，再详细讲述孔管式制冷系统和膨胀阀式制冷系统的结构与原理； 6.制冷系统中除了压缩机外，只有膨胀阀结构比较复杂，因此详细介绍该知识点，其他都是结构件，结构简单； 7.在授课过程中要注意随时观察学生情绪来调节进度，了解其遇到的困难，及时给予帮助指导，并帮其树立学习信心
主要内容	1.汽车空调制冷系统的组成； 2.汽车空调制冷系统的工作原理； 3.汽车空调制冷系统的分类； 4.其他部件

教学手段	板书和动态多媒体相结合

续上表

教学环节 时间分配	教学内容	设计意图 表达方式
导入新课 约5min	一、检查复习 1.汽车空调系统由哪几部分组成？ 2.汽车空调的血液——制冷剂有哪些特殊的物理特性？ 二、新课导入 1.导入：家用空调室内机的凉风及室外机的热风从何而来？  家用空调室内吹凉风时，室外机"坐"地喷热浪 2.工程应用导入：下图为空调常见的维护作业之一"加氟"，该作业的原因和目的是什么？  空调加氟操作 以上两个问题让学生自主回答，然后希望同学们在学习完本节课的内容后，给出科学正确的答案。 接下来，介绍本节课的主要内容	回顾旧知，引导学生对新课的思考 以生活原型作为导入，激发学生的好奇心和学习兴趣 增加工程实际应用，对学生就业及创业有所启发 设问方式，强化学习动机
讲授新课 约80min	1.汽车空调制冷系统的组成(18min) 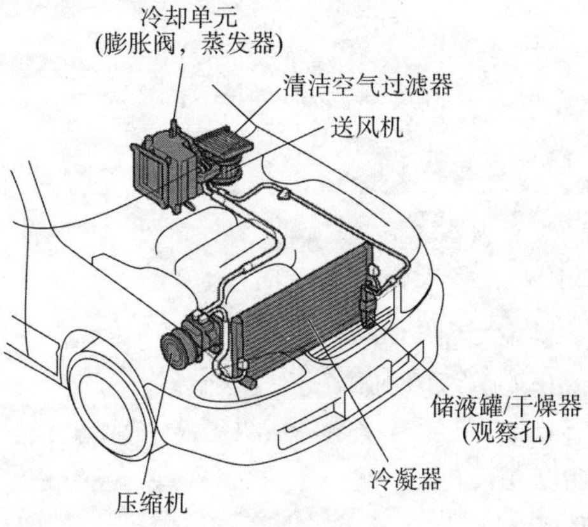 冷却单元 (膨胀阀，蒸发器) 清洁空气过滤器 送风机 储液罐/干燥器 (观察孔) 冷凝器 压缩机 制冷系统的组成	整体认知，宏观把握

续上表

教学环节 时间分配	教学内容	设计意图 表达方式
讲授新课 约80min	(1)整体认知:引导学生看图并说出制冷系统的主要组成部件。 (2)引导学生思考:观察各部件在汽车上的安装位置,并思考设计师为何如此布置? (3)详细讲解:各组成部件的作用。 从压缩机开始依次介绍各部件的作用,并采用设问的方式分析各部件布置的目的和依据。如压缩机的功能是提高制冷剂的压力,便于制冷剂液化。因此,压缩机过程需要进行能量的转化。 问:家用空调采用电力将压缩机驱动,那么汽车空调压缩机靠什么驱动呢? 答:发动机。 因此,压缩机放在发动机皮带轮处,用于获取动力。 接下来,采用生活实例类比等方法依次介绍其他部件。如香水瓶类比膨胀阀,鼓风机类比风扇。 在介绍蒸发器时,举例蒸发器常见的故障现象:表面脏污导致通风不畅,冷风不良。对应的维修作业为清洗,该作业特点是技术简单,但维修工时较多。 2.汽车空调制冷系统的工作原理(12min) 根据制冷系统各部件的作用,通过板书以流程图的方式给同学们介绍整个制冷循环的四个工作过程:压缩—放热—节流—吸热,并在流程图上标注制冷剂的存在状态。 提问:制冷系统高低压侧的分界点是哪儿?  制冷系统工作原理 接下来,通过视频强化学生对制冷循环的理解。 接下来,以图片形式演示制冷剂的存在状态,并提出几个常见的故障现象? (1)压缩机进出口温度一致是否正常? (2)冷凝器进口是否可以设置在下端? (3)蒸发器表面结霜是否正常?(类比:家用冰箱内壁结冰的原因是什么?)	培养学生提出问题,分析问题的思维习惯 重要内容详细讲解,并结合生活实例进行类比分析,引导学生从生活中寻找科学原型的学习习惯 引入维修案例,让学生体会"学有所用"增加学生听课兴趣 重点内容写在板书上,并以流程图形式呈现,增加直观性 设疑启发,加强互动,主动思考

续上表

教学环节 时间分配	教学内容	设计意图 表达方式
讲授新课 约80min	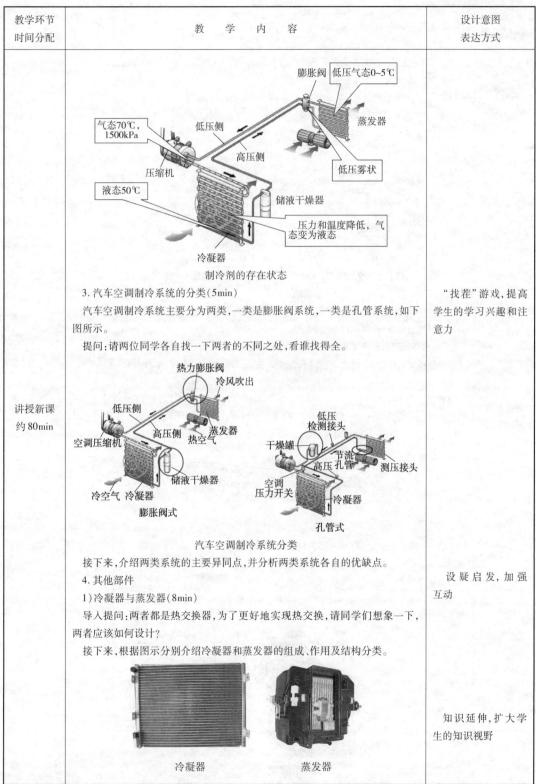 制冷剂的存在状态 3. 汽车空调制冷系统的分类(5min) 汽车空调制冷系统主要分为两类,一类是膨胀阀系统,一类是孔管系统,如下图所示。 提问:请两位同学各自找一下两者的不同之处,看谁找得全。 汽车空调制冷系统分类 接下来,介绍两类系统的主要异同点,并分析两类系统各自的优缺点。 4. 其他部件 1)冷凝器与蒸发器(8min) 导入提问:两者都是热交换器,为了更好地实现热交换,请同学们想象一下,两者应该如何设计? 接下来,根据图示分别介绍冷凝器和蒸发器的组成、作用及结构分类。	"找茬"游戏,提高学生的学习兴趣和注意力 设疑启发,加强互动 知识延伸,扩大学生的知识视野

· 61 ·

续上表

教学环节 时间分配	教学内容	设计意图 表达方式
讲授新课 约80min	知识扩展:冷凝器和蒸发器常见的故障现象是表面脏污,需要及时清理,否则影响热交换效率。 2)膨胀阀(15min) 首先,对照图示介绍膨胀阀的组成及结构特点。 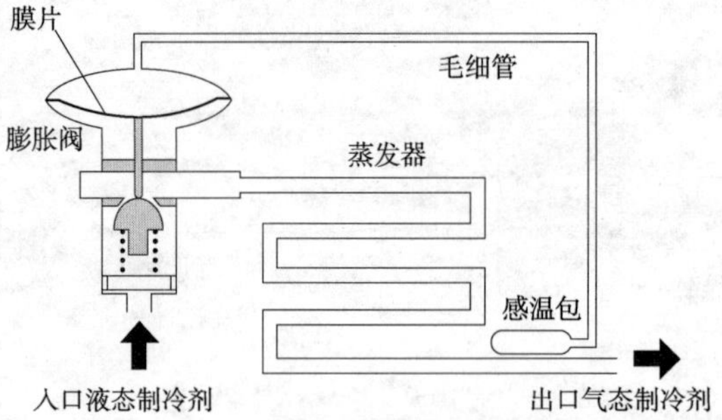 膨胀阀 接着,以膜片为受力对象,分析其受力情况,利用力平衡原理,分析蒸发器出口制冷剂的温度变化,对阀口开度的影响。 提问:感温包密封处发生破损后,对制冷系统的影响。 通过视频动画的方式,依次分析内平衡式膨胀阀、外平衡式膨胀阀和H形膨胀阀的异同点。 3)孔管(3min) 结构件,不做过多分析。如果出现故障,直接更换即可。 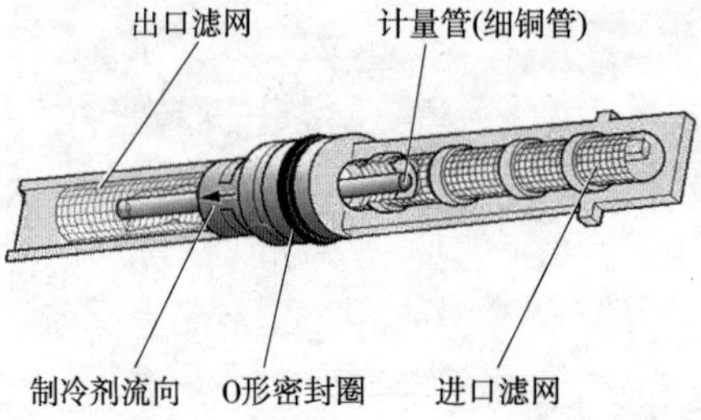 孔管 4)储液干燥器(12min) 该部件虽不是制冷循环的核心部件,但其在制冷系统中的作用举足轻重。首先介绍储液干燥器的五大作用。  储液干燥器	通过提问加深学生的知识巩固

续上表

教学环节 时间分配	教 学 内 容	设计意图 表达方式
讲授新课 约80min	接着,举例说明,如何根据视液窗中观察到的制冷剂的状态判断故障现象。 最后,引导学生分析易熔塞对制冷系统的安全保护作用。 5)风机(7min) 首先,分析离心式风机和轴流式风机的优缺点。 然后,提问学生,根据两类风机的特点,给出各自的应用场合	通过提问加深学生的知识巩固
巩固练习 约2min	1.家用空调的室内机和室外机分别相当于汽车空调的哪些部件 2.制冷剂在空调中的作用是什么	引导学生重新思考导入时设置的问题,激发主动探索的精神
归纳总结 约2min	知识层面: 1.制冷系统的四大核心部件 2.制冷的根本原因在于制冷剂在制冷循环过程中的状态变化 3.汽车空调除压缩机外其他组件的工作原理 育人层面: 制冷剂因为有了压缩机的"压力"就有了在制冷系统中循环的"动力",因此,同学们应该懂得:有压力就会有动力	科学背后的哲学思想
布置作业 约1min	自主探究:通过查阅资料对比汽车空调、家用空调及冰箱工作的异同点	经过主动探究才能获得新知识
板书设计	§5.2 汽车空调的制冷原理 1.主要组成:压缩机、冷凝器、膨胀阀(孔管)、蒸发器、储液干燥器 2.工作循环 　　　　　低温低压 　　　压缩　汽态　吸热 　高温　　　　　　低温 　高压　汽态　　液态　低压 　　　　　中温中压 　　　放热　液态　节流 　　　　　　　　低压侧 　　　　　　　　高压侧 3.分类:膨胀阀式、孔管式	提纲法与图解法结合,过程直观形象,且能体现知识结构
教学反思	通过课堂提问过程中学生的反馈,较好地达到了教学目标。由此看来,老师如果能了解学生并加强对学生的关注与鼓励,同时选择较好教学方法,确实能有效地提高学生的学习积极性	为提高教育教学质量奠定基础

教案示例二:《汽车营销》的店内接待的流程与话术的授课教案见表4-3所示。

店内接待的流程与话术

表 4-3

学习任务	店内接待的流程与话术	计划学时	2 学时
所需设备	多媒体课件、汽车营销教学软件;汽车营销实训区、整车 1 辆、拖把 1 个、抹布 1 块、洽谈桌椅 1 套,1 次性杯子、名片、车型资料等		
教学方法	任务驱动教学法、分组讨论法、软件辅助法、情景模拟法、角色扮演法		
任务目标	知识目标:1.知道店内接待前的准备工作; 2.知道店内接待的基本流程。 能力目标:1.能规范的表达店内接待的话术; 2.能根据本堂课所学话术进行店内接待。 情感目标:1.在分小组实训中,锻炼和培养学生的团队合作精神,提高主观能动性; 2.课堂中融入企业管理理念,养成良好职业习惯		
教学重点 难点	重点:1.店内接待的基本流程; 2.店内接待的关键时刻和话术; 难点:1.运用店内接待的基本礼仪与话术进行情景模拟		

学情分析	1.知识结构
	  在学习本节内容时,学生已经学习了汽车销售的基本礼仪,如站姿、坐姿、蹲姿、微笑、问候语等;已经熟知 polo 劲情 1.4 自动风尚版配置表的内容,并基本掌握该辆的基本操作。
	2.学习能力
	  学生的模仿和实训操作能力比较强,但缺乏学习知识的主动性,归纳整理资料的条理性,不能将理论知识系统化的融入实训中。
	3.心理特点
	  学生对新的专业知识的学习有较浓兴趣,实训中的抗挫折能力不强,容易退缩、放弃已有的潜在客户		

教材处理	根据汽车营销师(五级)所涉及的汽车销售的基本理论和基本方法等内容,我们在教学过程中开发了相应的校本教材,将其分解成若干教学项目,本次课选取《项目四汽车整车销售流程》中任务二《店内接待的流程与话术》环节进行授课。店内接待室汽车销售顾问的一项重要基础工作,通过店内接待与顾客进行有效的沟通,判断客户需求,进行产品介绍,是汽车销售工作的承前启后的关键环节。在教学时运用多媒体课件、仿真教学软件、教师示范、学生角色扮演等多种方式,真正做到"理实一体化",设计学生手册和任务工单,将重点内容问题化、表格化,设置问题启迪学生思维,让他们带着问题去学,体现学生的主体地位		
教学过程			
	教师任务	学生任务	设计意图
早会 3min	1.清洁展厅和展车 2.相互问好 3.站姿训练,问候语训练 4.下发任务工单,要求学生进行分组,分成三组,每组推选一名组长	课前打扫卫生、擦车 排成一队进行站姿和问候语训练 接受任务工单,分组	运用"展厅例会法"进行快速整队、精神面貌好,融入企业管理理念,强化职业素养
任务 导入 2min	情景描述:张强是某大学的一名教师,今天独自一人来大众 4S 店看车,希望购买一部车,方便自己工作和生活的需要。 任务:每一小组组织接待话术,进行店内接待模拟演示	分析情景案例,讨论本次课学习案例	用情景导入的方式,吸引学生的注意力,能够让学生更加容易理解我们的工作任务

续上表

教 学 过 程			
	教师任务	学生任务	设计意图
复习准备 15min	教师引导学生上次课已学知识 提问:你知道售前准备内容有哪些吗?还需要准备什么? 人员准备;展厅准备;展车准备	学生完成任务工单上内容的勾选,每小组推荐推荐一名学生回答	教师引导学生回顾已学知识,保证学生知识的连贯性
知识准备 20min	1. 播放视频,要求学生讨论总结"店内接待流程"。教师点评	观看视频以小组讨论的方式,带着老师布置的问题,完成任务工单上店内接待的基本流程。 推选一组学生在白板上彩纸粘贴组织店内接待的流程	利用观看视频、小组讨论的形式让学生直观的了解店内接待的流程
	2. 头脑风暴 根据软件学习店内接待关键时刻的基本礼仪及话术; 教师操作软件,学生指出软件中演示的礼仪及话术的不妥之处	学生小组抢答指出软件中演示的礼仪及话术的不妥之处 答对一题奖励一张"笑脸"贴	亲体验式教学、让学生能够发挥小组的团队协作精神,增强了课堂的互动性,也分享了学习成果
真情一刻 45min	1. 邀请大众4S店销售总监进行店内接待现场示范: 由企业专家示范标准接待的礼仪与话术,让学生近距离的接触到企业对汽车销售顾问知识与技能方面的要求; 2. 三组派选手比比看,哪组同学店内接待做得好; 由"笑脸"贴获得最多的小组先开始抽签选场景,然后讨论角色分配,分别扮演销售顾问、顾客,同时选一名观察员进行小组评价	学生在观看现场演示后进行分小组实训,每组由组长负责,挑选出一名或者两名顾客,一名销售顾问,一名观察员,观察员的职责就是在其他演员在表演时根据《汽车营销技能》	学生亲身体验案例情境、在角色扮演中发挥小组的团队协作精神,分享学习成果
任务评估 10min	1. 各小组"演员"自我评价(35%) 2. 各观察员对小组进行互评(35%) 3. 老师对学生的态度及精神状态进行评价,并且总结本次课,多运用赞扬的语句,鼓励学生更加自信(30%)	组织学生进行自评、互评,发现自己的闪光点和不足之处	通过评价了解学生知识掌握情况,同时弱化教师评价,利用激励机制,激发学生的兴趣
拓展案例 2min	拓展案例:客户张强提出:我在××店里看到这车比你们这里至少便宜了3000元钱。你会怎么回答?		
结束3min	整队下课,完成5S		

续上表

	板 书 设 计				
任务二 店内接待的流程与话术		1组	2组	3组	4组
一、复习准备要点	1. 语言				
二、店内接待流程	2. 举止				
三、店内接待关键时刻与话术	3. 技能				
四、评价分析	4. 应变				

4.2.3 教学手段和组织形式

1) 课堂教学手段

教学手段是师生教学相互传递信息的工具、媒体或设备。随着科学技术的发展,教学手段经历了口头语言、文字和书籍、印刷教材、电子视听设备和多媒体网络技术等五个使用阶段。现代化教学手段是与传统教学手段相对而言的。传统教学手段主要指一部教科书、一支粉笔、一块黑板、几幅历史挂图等。现代化教学手段是指各种电化教育器材和教材,即把幻灯机、投影仪、录音机、录像机、电视机、电影机、VCD机、DVD机、计算机等搬入课堂,作为直观教具应用于各学科教学领域。因利用其声、光、电等现代化科学技术辅助教学,又称为"电化教学"。

从辩证的角度看,传统教学手段与现代化教学手段各有优点与不足。现代化教学手段多长于知识的传授、长于智力发展,而短于品德、情感、审美教育,师生之间缺乏人际交往、情感交往,学生难以从教师那里受到思想、情感、人格、审美方面的熏陶和感染;现代化教学手段的使用还存在短于具体的技能、技巧的培养,对眼、耳的过度刺激有害学生的感官。

因此,对待二者不可偏废,应当使传统教学手段与现代化教学手段相协调。所以,应对传统教学手段与现代化教学手段做出科学的分析,对应当或必须使用现代化教学手段的课程内容则做出硬性规定,要求教师必须使用现代化教学手段;而在需要教师运用传统教学手段的课程内容则要求教师尽可能使用传统教学手段。这样,不但可以起到发挥教师引导学生科学地利用现代化教学手段进行自学、学会自学的作用,而且也使教师能够对学生自学中由教学机器不能够回答的特殊问题进行个别的解答。

2) 教学组织形式

教学组织形式是指为完成特定的教学任务,教师和学生按一定要求组合起来进行活动的结构。教学组织形式不是固定不变的东西。随着社会政治经济和科学文化的发展及其对培养人才要求的不断提高,教学组织形式也不断发展和改进。

从表现于外部的特点来看,教师和学生都参与或形成了特定的组合形式。师生的活动必须适应一定的时空条件,并形成一定的"搭配""组合"关系。教师和学生以这种程序和"搭配"关系共同活动,直接或间接地相互作用。在这种相互作用中,包括了教学内容、教学方法、教学手段和教学程序、步骤在时间和空间上的集结或综合。

在教学史上先后出现的影响较大的教学组织形式有个别教学制、班级上课制、分组教学等。

（1）个别教学制。

中国宋代以前的各级官学和私学，欧洲古代和中世纪的教育均采用个别教学，它是漫长的奴隶社会和封建社会中主要的、甚至唯一的教学组织形式。个别教学就是教师在同一时间以特定内容面向一个或几个学生进行教学。这种教学组织形式办学规模小、速度慢、效率低，但却能较好地适应个别差异。17世纪以后随着班级授课在世界范围的普遍采用，个别教学就成为了教学的非主要组织形式。但在20世纪五六十年代，个别教学在欧美各国重新受到重视。

（2）班级上课制。

17世纪捷克教育家夸美纽斯在其《大教学论》中提出了班级授课制，即把一定数量的学生按年龄和知识程度编成固定的班级，根据周课表和作息时间表安排教师有计划地向全班学生集体进行教学的制度。19世纪中期，班级授课制成为西方学校主要的教学组织形式。中国最早采用班级授课制在1862年创办的京师同文馆，并在1904年的癸卯学制中以法令的形式确定下来。

（3）分组教学。

19世纪末、20世纪初，为了适应现代生产的需要和现代科学技术的发展，为了调和阶级矛盾，一些资本主义国家延长了义务教育的年限，扩充和更新了学校的一些教学内容。一些资产阶级教育家为了适应儿童的学习程度，适应学生的个性差异，对班级上课制实行改良或改革的实践。属于改良班级上课制的是分组教学。分组教学又分为：①能力分组，学生学习的课程相同，学习的年限不同。②作业分组，学生的学习年限相同，学习的程度不同。

中国在20世纪初曾有极少数学校试验过分组教学，20世纪70年代以后，美、英、法、联邦德国等国家的分组教学常采取另外两种方式，即外部分组和内部分组。分组教学能照顾学生的学习水平和能力差异，但同时也给各类学生在心理上造成不良影响。中国中小学以班级上课制为基本组织形式。为了因材施教，有时也采用小组教学和个别教学，作为辅助形式。

（4）开放式教学。

第二次世界大战期间，由于战乱破坏了正规教育的进行，故30年代初在英国出现了开放教学这种教学组织形式。六七十年代，开放教学流行于美国，主要在幼儿学校和初等学校实行。它强调尊重儿童的天性、兴趣和需要，强调儿童的自然发展，不拘传统教学的结构，没有固定教学计划、教材和教室，不同年龄、不同程度的儿童聚集在一起，根据各自的爱好选择各种学习活动。开放教学依据的是资产阶级"进步教育"的理论。

（5）协作教学。

20世纪50年代初，美、英等国为了解决提高教学质量与中、小学师资不足的矛盾，提出了一种教学组织形式——协作教学（见协作教学）。它由教师、实验教学人员、视听教学人员和图书资料人员组成教学小组，共同研究拟订教学计划，然后分工合作，协力完成教学计划。协作教学试图能同时发挥教师的集体力量和个人专长，并能充分利用图书、仪器等教学设备。

（6）现场教学。

1958年，中国贯彻教育与生产劳动相结合的方针，在实践过程中较广泛地采用了现场教

学这种教学辅助形式(见现场教学)。它能给学生提供丰富的直接经验,有助于理解和掌握理论知识;并通过实际操作,能培养学生运用知识于实践的能力,同时为师生接近工农、接触社会主义建设的实际创造条件。

3)教学组织形式的选择

(1)教学组织形式对教学效率、教学规模和教学质量有重要影响。

不同的教学组织形式对教学效率、教学规模和教学质量有不同的影响。与个别教学相比,班级授课制在教学效率和教学规模上的提高是显而易见的。在目前中小学教学实际中是将这些组织方式综合起来运用,有时也根据不同的需要采用不同的组织方法。

(2)教学组织形式对学生知识技能的掌握、个性的形成、情感的发展有一定影响。

不同的学科教学适合采用不同的教学组织形式来进行,教授不同的知识、技能,应灵活运用不同的教学组织形式,以达到教学的最优化。此外,教学组织形式决定了课堂师生交往方式、交往氛围、交往风格,这就间接影响到学生的个性和情感发展。

(3)教学组织形式对教师的教学方式及教学风格有一定影响。

教师对教学组织的方式有决定权,可以根据教学目标、教学内容灵活地采用或全班,或小组,或个别教学的方式。我们所要注意的就是不要把这种思想僵化,不要完全受制于此,而要敢于突破,灵活地运用并创新教学组织形式。

4.3 项目教学法及应用案例

4.3.1 项目教学法

项目教学法就是师生以团队的形式共同实施一个完整的项目所进行的教学活动。在教学活动中,教师将需要解决的问题以项目的形式交给学生,学生在教师的指导下,以个人或小组的工作方式,按照实际工作的完整流程,共同制订计划,最终完成整个项目,并开展个人和小组评价。学习的重点是学习过程,而非最终结果,整个过程锻炼学生的各种能力。

项目原是指以生产一件具体的、具有实用价值的产品为目的的任务。由于教育一般不会把生产某种具有实际应用价值的产品作为学习任务。因此,在职业教育中,项目指的是针对某项教学内容而设计,能够由学生自己完成,可以收到良好教学效果的小工作任务。

4.3.2 项目教学法特点分析

项目教学法具有内容的实践性、活动的合作性和评价的灵活性三个特点。

(1)内容的实践性。项目是根据典型的工作任务设计出来的,教学内容突破了传统的学科界限,以项目为核心,按照工作过程逻辑建构与工作任务相关的实践知识和理论知识,项目工作具有完整的过程。

(2)活动的合作性。小组合作的活动方式为学生提供了集思广益、相互协作的空间,既发展了学生的个性,又培养了学生的工作责任心和团结合作精神,而且学生参与了项目完成的整个过程,体验到创新的艰辛与成功的喜悦,真正成为教学活动的主人。

(3)评价的灵活性。自我评价、小组间互评和教师评价相结合,教师侧重于分析项目工作中存在的问题,评价内容包括学生参与程度、综合运用知识与技能解决问题的能力、操作安全规范程度、完成项目情况等。

4.3.3 应用案例

1)教学对象

中职学校汽车运用与维修专业、汽车检测专业二年级学生。

2)教学目标

①模块项目:起动机不转故障检修;

②参考学时:4学时;

③教学目标。

(1)知识目标。

①了解起动系统的分类;

②以C307经典福克斯为例,掌握起动系统电路图、安装位置图的识读方法;

③依据安装位置图,学会查找各个组成部件在车上的安装位置;

④依据电路图,学会分析走线情况、各线路信号情况;

⑤掌握起动机不转故障诊断思路和检测方法。

(2)能力目标。

①能够完成任务工单对应的检修任务并且认真填写任务工单;

②能检修汽车起动机不转的故障;

③能熟练使用常用检测仪器、设备。

(3)素质目标。

①遵守6S操作规程;

②操作严谨细致;

③同学之间团结、协作,互帮互助、共同提高。

3)教学内容

(1)工作任务。

①复习起动系统的检修注意事项;

②分析C307经典福克斯起动系统控制电路;

③自己动手连接起动系统控制线路;

④分析C307经典福克斯起动系统线路识图和线路;

⑤识别C307经典福克斯起动系统组成部件车上位置;

⑥C307经典福克斯起动系统故障检修案例剖析;

⑦C307经典福克斯起动系统故障检修;

⑧填写工作页并撰写总结报告。

(2)工作页的编制原则。

先由学生熟悉工作页,了解任务内容。在学习相关知识点后,利用工作页,在教师的指导下完成本任务,同时完成工作页相关内容的填写。

工作页由教师负责编制,包括教学项目、仪器设备、知识点、检测测试结果(数值)等内容,在上课前发给学生。课程结束收回,由指导教师审查,了解学生的掌握程度。并在下节课开始时进行总结,对掌握好的同学给予表扬,并可将完成好的工作页贴在黑板上示范。

本项目教学工作页如表4-4所示。

起动机不转故障检修任务工作页　　　　　　　　　　　　表4-4

送修人姓名		车牌		车型		C307 经典福克斯	
手机号码		里程数	公里	保险公司		保险	
预估交车时间		等候方式		店内□√　离店□			
客户陈述	早上,起动汽车时汽车没有动静,不能起动。 (维修顾问会提示客户描述故障发生状况的信息有:速度、时间、天气、路况、发动机状况、发生频率等。)						

一、识读接诊单信息
1. 根据客户陈述,初步确定故障发生在_____系统。
2. 客户的等候方式_____。

二、试车,记录故障现象
1. 检查安全、环保方面的工作是否到位。
2. 车辆前后轮胎垫上三角木,挂 P/N 挡,拉紧驻车制动器。
3. 试车,记录故障现象,判断是否与车主陈述一致?
故障现象:

三、分析起动机不转的可能的故障原因有哪些?

四、决策与计划维修方案
1. 所用到的检测工具、仪器:

2. 写出维修方案:

五、实施
1. 检测变速杆的位置。
2. 检查防盗是否有效解除,观察发动机防盗锁定系统指示灯。记录解除情况:_____。
3. 记录检测数据。
以下10项在测试中测到的项记录下来,并且在该项前打"√",没有测到的项不用填写。
□(1) 蓄电池电压的检测数据:_____ 充足□　亏电□
□(2) 记录启动继电器的检测数据:点火开关打到"START",启动继电器线圈电压_____,启动继电器触点电压_____。继电器动作情况:_____。
□(3) 检测熔断丝 F11,记录检测情况。
□(4) 检测熔断丝 F13,记录检测情况。
□(5) 检测点火开关,记录检测情况。
□(6) 检测挡位开关,记录检测情况。
□(7) 检测熔断丝 F1000,记录检测情况。
□(8) 检测起动机端子线路电压,端子30_____;端子50_____;搭铁_____。
□(9) 检测搭铁,记录检测情况。

续上表

□(10)用螺丝刀短接端子30与端子C,如果起动机不转,则说明是电动机内部有故障,应拆检起动机;如果起动机运转正常,则说明是电磁开关有故障。
4.故障点的确定_____。
六、检查与评价
1.试车,发动机运行情况记录:_____。
2.在此故障测试中以上10项,你测试了几项,简单记录诊断流程。
3.故障排除的自我评价:
七、整理与清扫
1.检查车辆、发动机是否干净整洁,护套是否取下,工具是否整理。
2.清扫维修工位。

(3)实践知识。
①起动机的作用和组成;
②识读电路图的一般方法和读图流程;
③C307经典福克斯起动系统线路图;
④起动系统各组成部件在车上的安装位置。
(4)理论知识。
①GB/T 4728.1—2005《电气简图用图形符号 第1部分:一般要求》;
②起动系统的控制原理和过程。

4.3.4 教学环境创设

1)教学媒体

采用多媒体课件、现场教学相结合的教学方式,每组学生提供C307经典福克斯故障车辆、起动机、蓄电池、连接线5根、万用表1块以及相关的检测仪器与拆装工具。有条件的学校也可以先采用汽车发动机虚拟实验教学(结构原理、拆装、检测诊断)。

汽车虚拟实验教学的特点:整车网络实训系统可以实现实训设备的网络化、数字化、科技化、规模化。系统可远程实现实训整车或台架的精确操控,远程实现整车常见传感器的排故实训等功能。系统运用高速数据采集技术和射频通信技术,通过嵌入到车身电气的信号采集模块,在不影响汽车运行工况的情况下与车身电控部分进行双向通信,同时采用软件技术作为控制、显示终端,实现整车实训教学、实训练习、实训考核等功能。

2)教学场地

该项目在理实一体化实训室(带多媒体)进行教学。实训室分成教学区、计划区、实操训练区,墙上有发动机起动系统电路图挂图,工作台上有起动机零部件实物和模型,有专用工具柜等。

3)实训工具

数字式万用表、蓄电池、连接导线等。

4)实训设备

C307经典福克斯故障车辆,如图4-3所示。

5)文件手册

①经典福克斯维修资料;

图4-3 C307经典福克斯故障车辆

②C307经典福克斯起动系统线路图;
③C307经典福克斯车BJB位置图。

6)拓展知识

①经典福克斯轿车起动机不转,可能的故障原因;
②起动机不转故障诊断中,在排除变速杆、防盗系统和蓄电池故障的原因后,测试节点选择为什么从起动继电器开始。

4.3.5 实施过程和步骤

1)实施过程

温故知新完成相关知识的资讯学习和C307经典福克斯车起动系统线路识图和线路分析,自己动手连接起动系统控制线路,识读C307经典福克斯车BJB位置图,并分析C307经典福克斯起动系统工作过程,完成学习总结(每小组一份)。学习内容以学生手册的方式呈现给学生。学生按照学生手册内容,按照信息、决策、计划实施、检查验收及资料整理、评价来完成学习任务。

2)教学活动设计

教学活动设计如表4-5所示。

教 学 活 动 设 计 表4-5

实施步骤	时间分配	活 动 设 计	
获取信息	45min	教师活动: 学生分组,简述任务要求,向各小组发放工作页	
		学生活动: 理解任务要求,阅读工作页,查阅教师提供的参考资料,从中获得起动系统的功用、起动系统组成部件在车上的位置等相关信息	
做出决策	15min	教师活动: 指导学生确定学习方案	
		学生活动: 就工作页内容分组讨论,在此基础上确定学习方案,明确小组成员的职责,做出实施项目的决定	
实施计划	80min	学生活动: (1)准备工作:领取项目所需的工具、检测仪器; (2)阅读参考资料,掌握起动系统工作原理,C307经典福克斯车起动系统线路识图和线路分析等内容; (3)到一体化教室的实验设备区,利用C307经典福克斯车,查看起动系统组成部件的安装位置及线束分布; (4)利用维修手册,对照起动系统组成部件的端子布置及编号等信息; (5)根据维修手册等相关资料,用数字式万用表检测蓄电池电压、起动继电器、起动机和连接线等,并填写任务工单相应表格	

续上表

实施步骤	时间分配	活　动　设　计
实施计划	80min	教师活动： (1)协助学生完成仪器设备等的准备； (2)现场指导学生的项目实施； (3)帮助学生及时解决项目实施中遇到的各种问题，协调设备的使用； (4)有深对性的结合项目实施过程中出现的各种问题，引导学生进行相关知识的学习和总结； (5)检查并记录项目实施情况，作为评价学生的资料； (6)控制项目实施的进程和秩序
检查验收和资料整理	10min	学生活动： (1)各小组对照实验数据，检查工作页完成情况； (2)整理学习资料、整理工作现场
		教师活动： (1)采用提问的方式协助检查，指出不足； (2)记录项目学习成果
评价	25min	学生活动： (1)查看其他小组的测量结果及工作页，评价其他小组的学习成果，并填写评价表； (2)评价本小组项目学习成果，并填写评价表； (3)每个小组选1名代表进行测量演示
		教师活动： (1)组织学生开展行为、学习态度和责任心等的评价和总结活动； (2)根据学生的工作页、每个小组的演示，结合学习过程记录，对学生进行综合评价； (3)总结项目学习过程
作业布置	5min	课外作业：预习有组合继电器启动控制系统线路检修

3)安全操作规范

①安全用电；

②起动发动机后，注意加速踏板和制动踏板，防止烫伤等；

③项目小组每组5~6人；

④学习计划小组成员人人参与，完成项目的各个流程。

4)课程小结

通过在项目教学中完成每项工作任务，学生对于发动机系统中难于理解的工作原理和组成结构能够较快地掌握。因为这种形式能让理论知识和操作技能聚集成一个有机的整体，所要记忆的内容更加清晰。通过这样的学习，学生找到了合适的学习方法，简化了对于理论知识的理解过程，锻炼了实践操作能力，培养了探索精神。

4.3.6　评价

学生的成绩评价采用过程考核方式。

学生的总评成绩 = 所有项目考核分平均分 × 60% + 期末考核分 × 40%

其中:

(1) 项目考核分 = 自我评价×30% + 小组评价×30% + 教师评价×40%

①自我评价内容:理论学习效果,实践动手检修故障完成情况,维修任务工单填写情况,维修资料的使用,安全操作情况;

②小组评价内容:学习的主动性和独立性,同学之间的交流、沟通、协调能力,任务工单完成情况,6S 遵守情况;

③教师评价内容:小组成员间团结协作情况,任务完成质量、效率情况,知识、技能掌握情况,任务工单完成情况,6S 遵守情况。

(2) 期末考核分 = 理论考试卷面分×60% + 综合故障竞赛分×40%

①理论考试:从学习题库中抽题,进行理论考试。有填空、选择、判断、简答、案例分析等;

②综合故障竞赛:以小组形式组织发动机综合故障诊断竞赛。

项目考核分按照表4-6进行。

电器系统故障检修项目评分细则　　　　　　　　　　　表4-6

序号	作业说明	评分细则	配分	评分标准	扣分	得分
1	准备工作 (10分)	检查车辆或台架、检查并准备工具、设备	10	少做一项扣2分,扣完为止		
2	实施过程 (70分)	仪器、工具的准确选择	10	选错一次扣1分,扣完为止		
		仪器、工具的规范操作	10	操作不规范一次扣2分,扣完为止		
		正确的拆装步骤	10	步骤错误一次扣1分,扣完为止		
		正确的检测方法及步骤	30	方法不正确扣5分,步骤错误一次扣2分,扣完为止		
		数据的正确采集及记录	5	数据未采集或错误扣2分,扣完为止		
		合理的分工协作	5	酌情扣分		
3	6S 工作 (20分)	整理工具仪器及车辆或台架等6S工作	20	少做一步扣2分,扣完为止		

得分:
备注:若故障点未查找出来,按0分计算

4.3.7 项目教学法的应用分析

1) 应用条件与分析

(1) 应用条件。

项目教学重视学生的接受情况,给学生充分的提问和思考时间,学生参与工作任务完成的整个过程,从而达到提高学习效率的目的;相对于传统教学,项目教学的学习氛围活跃、和谐,学生在愉悦的气氛中学习汽车知识,不但不会感到无聊乏味,而且越学越想学,在不知不觉中提高了学习热情。另外,项目是结合具体车系和车型来设计,按照职业岗位的工作过程来实施的,这样的教学更具实用性。项目教学法的研究与实践表明,汽车专业教学适合采用项目教学法。

(2)项目教学与传统教学的区别。

项目教学与传统教学的比较见表4-7所示。

项目教学与传统教学比较   表4-7

项目 \ 内容	传 统 教 学	项 目 教 学
教学目标	传授知识和技能(以理论知识为主)	运用技能和知识(以实际技能为主)
教学形式	以教师为中心,学生被动学习	以学生为中心,学生主动学习
驱动力	依赖于外在动力	充分调动内在动力
教学方式	教师针对学生的不足补充教学内容	教师利用学生的长处展开项目任务

2)目标、内容

(1)项目的确定。

项目教学法成功的关键是确定项目。项目应与学生的经验和学校的条件相适应,应首先运用结构简单的、耗时较少的项目激发学生的兴趣。根据本课程在专业中所处的位置和作用来确定课程级项目。课程级项目要紧密结合职业岗位能力的需要,如汽车故障诊断与排除。课程级项目根据项目对基本技能和相关理论知识的要求划分为若干个模块项目,设计时要充分考虑学生的动手实践能力和社会能力的培养,如发动机的拆装与检查。模块项目根据学生的实际水平和兴趣再分成若干个工作任务,也就是学生能够人人参与,通过独立思考和小组合作能完成的小任务,如发动机正时调整。

(2)项目教学法的实施过程。

项目教学法通常按照以下步骤开展教学工作。

确定项目任务项目教学法的目标是师生通过完成项目任务来实现。在工作任务分析的基础上,教师必须考虑学生的知识结构和操作技能,引进企业所采用的新技术、新工艺、新材料和新方法,设计一个或多个有利于培养学生创新精神和团队精神的项目任务。在设计项目任务时,可以请学生参与,学生的意见可以提高项目任务的可行性。

制订计划根据项目任务和目标,学生搜集资料,确定工作步骤和流程,并与教师讨论,由项目小组写出计划报告。

实施计划学生首先明确各自在小组中的分工,然后按照已经确定的工作步骤和流程工作。在项目教学过程中,以学生为中心,学生是积极的参与者,教师只是组织者和指导者,学生遇到问题时,教师与学生共同探讨,教师适时引导学生并由学生自己寻找解决问题的方法。

展示成果完成项目任务后,对形成的工作成果进行展示,让学生分享成功的喜悦。工作成果可以为语言文字、图画,也可以为实物形式的模型、工件等。

评估总结学生先对自己在小组中的参与程度、合作表现和工作成果进行自我评价,再由教师对工作成绩进行检查和评估。师生共同讨论和评价,对项目中出现的问题进行反思,找

出产生问题的原因,并提出修改方案,有些内容可以延伸为下一个项目任务的初始调查。项目教学的成果不是唯一的,而是多样的,因此,评价工作成果的标准不能简单地评价为"对"或"错",而是评价为"好"与"更好"。

【注意事项】

项目教学和传统教学有所区别,但并不是对立的,可以有机结合,为学生提供更好的学习情境。项目教学不能独立完成所有的教学任务,它只是教学环节中一个非常重要的组成部分,旨在培养学生的职业能力。

教师必须具备完成一个项目所涉及的所有专业理论知识和专业技能,具有一定的开发教学项目的能力,教学项目能够涵盖学习领域的全部或绝大部分教学目标规定的内容。教师在备课时,要对损耗、材料和技术等方面有更多的准备,以应对动态工作过程中出现的各种问题。教师要有创造性和应变能力。为此,一方面,教师要不断提高自身的职业能力;另一方面,教师的工作组织方式由专业教研组织向教师团队或专家工作室转变,从而完成个体教师无法完成的工作任务,形成具有核心竞争力的团队。

在项目教学过程中,教师要不断转变自己的角色,由开发项目的设计者转变为为学生提供完成项目所需的相关知识、信息、建议的指导者,由指导者转变为实施计划和评价阶段的组织者和引导者。

4.4 引导文教学法及应用案例

4.4.1 引导文教学法的含义

引导文教学法是借助一种专门的教学文件(即引导文)引导学生独立学习和工作的教学方法,教学文件由一系列难度不等的引导问题组成。学生通过阅读引导文,可以明确学习目标,清楚地了解应该完成什么工作、学会什么知识、掌握什么技能。在引导文的引导下,学生必须积极主动地查阅资料,获取有意义信息,解答引导问题制订工作计划、实施工作计划、评估工作计划,避免了传统教学方法理论与实践脱节、难以激发学生学习兴趣的弊端。它是项目教学法的完善与发展。引导文是引导文教学法成败的关键,采用此种方法的目的是促进学生独立工作能力的发展。

引导文教学法是一个面向实践操作,全面整体的教学方法,通过此方法学生可对一个复杂的工作流程进行策划和操作。引导文教学法在当今是一种普遍的教学方法,该方法是自20世纪70年代起在一些大型工业公司(如戴姆勒-奔驰、福特、西门子)中创造的。引导文教学法尤其适用于培养所谓的关键能力,让学生具备独立制订工作计划,实施和检查的能力。更广泛地说引导文教学法也是对专业能力、方法能力和社会能力的培养。

引导文法的教学阶段:

①获取信息,解决"应该做什么"的问题;

②制订计划,解决"应该怎样做"的问题;

③做出决定,确定方法、工具及设备;

④实施计划,如汽车发动机拆装工艺及检测项目;

⑤控制,回答"是否满足要求"的问题;
⑥评定,回答"下一次在哪些方面应该做得更好"的问题。

4.4.2 引导文教学法的种类

1) 项目工作引导文

这种方法主要的任务是建立起项目和它所需要的知识能力间的关系,即让学生清楚完成任务应该懂得什么知识,应该具备哪些技能等。典型的项目工作引导文可以是一个独立的生产准备过程或产品加工过程,如机械加工专业中生产一套汽车模具,信息技术专业中开发一个能独立完成特定要求的文字处理软件等。

2) 知识技能传授性引导文

这种课文引导法的主要功能在于使学生不仅学习了知识,而且还真正地知道此知识在实际工作中有什么作用。最典型的例子,如汽车维修专业的实验指导书、维修手册等。

3) 岗位分析引导文

此种引导文可以帮助学生学习某个特定岗位所需要的知识、技能以及有关劳动、作业组织方式的知识。如与该岗位有关的工作环境状况、车间的劳动组织方式、工作任务来源、下道工序情况、安全规章、质量要求等。典型的例子如汽车总装线质量控制员、4S店销售员等的岗位任务说明。

由于每个工作岗位的具体要求随着形势的变化而不断发生变化,因此,开发符合实际情况的引导文常常有一定的难度。

4.4.3 引导文的构成

引导文的形成,决定着教学所需要的教学组织形式,教学媒体和教材等。不同职业领域,不同的专业所采用的引导文也不尽相同,总的说来,引导文至少应由以下几部分构成。

1) 任务描述

多数情况下,引导文中的任务描述,即一个项目或范围相当的工作任务书,可以用文字的形式,也可以图表的形式表达。

2) 引导文中常包含一些问题,按照这些问题学生应当做到
①想象完成工作任务的全过程;
②设想出工作的最终成果;
③安排工作过程;
④获取工作所需要的信息;
⑤制订工作计划。

3) 学习目的的描述

学生应能从引导文中知道他能够学习到什么东西。

4) 学习质量监控单

学习质量监控单的目的是使学生避免工作的盲目性,以保证每一步骤的顺利进行。

5) 工作计划

6) 工具需求表

7）材料需求表

8）时间计划

9）专业信息

专业信息可以作为引导文的组成部分，但是为了更好地促进学生做作业能力的发展，教师不给学生提供现成的信息材料，而只是提供能够打通获取这些信息的渠道，这样可以培养学生独立获取专业信息的能力以及与这些信息占有者打交道的交际能力（社会能力）。

10）辅导性说明

指出在其他专业文献中找不到的有关工作过程、质量要求、劳动安全规律、操作说明书等。

引导文教学法实施步骤如图4-4所示。

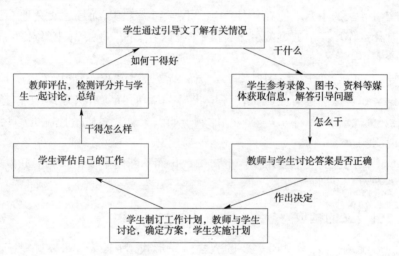

图4-4　引导文教学法实施步骤

4.4.4　引导文教学法的特点

①在引导文教学法中，培养学生独立工作能力是一切教学活动的基本出发点；

②教师的行为局限在准备和收尾阶段，而不是教学过程中；

③在所有的阶段中，学生的行为都是独立（或尽量独立）的；

④引导文教学法是一种在理论上近于理想化的、全面系统的能力培训的方法；

⑤在整个教学过程中，学生的行为是主动的。

教学结果表明，这种以自学为主的学习方式有以下突出的优点：

①能极大地激发学生的学习欲望，充分调动学生学习积极性，促使学生独立学习能力发展；

②通过学生的独立提出问题，解决问题，可以帮助学生建立起知识与技能问题的内在的联系，实现真正意义上的理论与实践的统一；

③通过自学后的测验与谈话，教师可以确定学生理解的程度并能进行系统性的补充；

④能力较强的学生主要通过自学来学习，教师可以抽出更多的时间帮助能力较差的学生，做到了真正意义上的面向全体学生；

⑤通过与他人进行专业信息交流和共同制订工作计划,培养了学生的合作能力和其他社会能力;

⑥培养了学生毅力、责任心、获取书面信息的能力,独立制订计划的能力,自行组织和控制工作过程以及检验工作成果的能力。

但与传统的传授式教学相比,引导文法花费的时间较多;由于每个工作岗位的具体要求随着形势的发展而不断有新的变化,因此,开发符合实际情况的引导文常常有一定的难度。传统的"讲解示范教学法"与"引导文教学法"的主要差别见表4-8所示。

传统的"讲解示范教学法"与"引导文教学法"的主要差别　　表4-8

讲解示范教学法	引导文教学法
教师讲解,学生听	学生根据引导文独立获取信息,解答引导问题;教师与学生讨论答案是否正确
教师示范,学生看	学生独立制订计划,教师与学生讨论计划的可行性及合理性
在教师指导下,学生模仿根据教师的安排,学生练习	学生独立实施计划,教师观察,获取反馈信息
教师对学生的工作成果进行评价和总结	学生独立评估计划教师与学生一起对工作成果进行讨论、评价、总结
教学生"学会"	教学生"会学"
以教师为中心	以学生为主体
班级教学	因材施教
教学进度划一	因人而异
信息反馈滞后	信息反馈及时
注入式教学	启发式教学
使学生掌握操作技能	培养学生的关键能力
非完整的行为模式	完整的行为模式

4.4.5 引导文教学法的适用范围及条件分析

只有具有最终产品或可检验工作成果的教学过程,才能采用这种教学模式,因此,项目工作最适合采用引导文法。

引导文教学法起源于德国,主要用于"双元制"职教模式。德国于1969年颁布了《职业教育法》,用法律来保证职业教育的实施。它包括上岗前和上岗后培训(转岗培训);培训企业和受培训企业者的关系,双方的权利和义务等。

德国"双元制"职业教育有几个突出特点:

①与生产实践紧密结合;

②有企业的广泛参与;

③各类型教育形式可以互通;

④实行培训与考试真正分离的考核办法。

从上述"双元制"的模式和特点可以看出,这种相互交叉、有机结合的管理体制,为职业教育的实施和完成提供了保证,有利于在教学过程中贯彻理论联系实际的原则,有利于培养出既懂专业理论又有技能的生产管理人才。但因国情不同,我国要实施引导文教学法还有很多困难,如果没有足够的条件,引导文教学法犹如纸上谈兵,只是职教人一厢情愿的美好愿望。要顺利实施引导文教学法必须具备如下条件。

1) 一体化的师资队伍

职业学校要学习"双元制",实施"引导文教学法",就必须加强"双师型"(即讲师、技师)或"三师型"(即讲师、工程师、技师)师资队伍的建设。理论与实践紧密结合,摒弃传统教学模式,转变教学观念。在教学中做好引导,当一名"导演",让学生做"演员"。

2) 可行的教学政策

"双元制"与传统模式相比,有很多优越性,然而要让它中国化,是一场革命,尤其是观念的转变和更新是最难的。在德国,除学校需执行的法律义务外(该法律由州政府制定),德国联邦政府还立法规定了企业法人职业技术教育的职责和义务。以法律形式完善了职业教育的管理和运行,促进了职业教育健康有序地发展。

目前,我国并不具备这方面的法律法规,以政府行为来实施还有一个漫长的过程。只能是学校和企业根据自身情况,开放政策,广泛接触,在互惠双赢的情况下合作办学。

3) 全面、系统的教材

全面、系统的教材是实施引导文教学法必不可少的条件之一,每个专业甚至每门课都要专门设计、有针对性地开发新教材。把不符合现有学生接受能力和不贴切企业生产实际的内容删除。增加学生的实践技能训练,或到企业中找项目作为教学内容。此外,还需收集最新、丰富、实用的教学材料,准备颜色各样的卡片、各种色笔、图钉、白纸、白板、幻灯片、课件等。这些教具能吸引学生的注意力,为小组讨论等提供辅助。

4) 充足的教学资金

采用引导文教学法的成本比传统教学的成本要高,除了开发新教材等外,在教学过程中的成本也很高。例如,学生在过程中出现错误,就必须重新操作(引导文教学法是允许学生有不同的工艺路线,其中有些方法可能是错误的或不可行的,但如果可能出现安全问题指导老师必须指出并制止),这将增加教学成本。另外,该教学法在操作过程中要求设备种类齐全、数量足够,故初期的投资比较大。

当然,如果采用"双元制"教学模式,与企业合作办学,由企业承担培训费用,并承担生活补贴,经费则可解决。

5) 一体化的教学场所

引导文教学法主要培养学生独立、自主的学习能力,除独立思考外,还可以通过同学之间相互的观察和交流来学习。因此,教学环境应有利于互相交流和学习,如将教学场地设计成若干圆形、环形或多边形,给每个小组(约六人)分配一个,将便于小组讨论和相互观摩,使之快速找到自己的正确方法。

6) 素质良好的学生

由于该教学法从德国引进。据专家估计中国的学生比德国的同龄学生成熟程度约晚两年,加上我国这一代多为独生子女,而且受传统教育模式的影响,学习被动,主动性差。故学习之初,学生不能自行决定学习、工作的内容。另外,高校扩招等诸多因素,也使中职生源质量连年下滑。因此,对生源素质也有基本的要求。

4.4.6 引导文教学法的组织形式

（1）独立工作形式。每个学生独立制订计划,独立实施计划,独立评估计划。

（2）小组工作形式。根据学习项目的具体情况,把学生按一定人数分为小组,以小组为单位完成教学任务。一般把学习能力不同的学生安排在一组,以便相互交流,相互促进,共同提高,进一步扩大教育能量。小组工作又可以采取两种方式：

①小组成员一起讨论,共同制订工作计划,每个成员独立完成相同的工作项目。这种工作方式多用于简单的教学项目。

②小组成员一起讨论,共同制订复杂项目(如综合故障排除)的整体工作计划,然后按照具体分工,每个学生独立完成自己的工作任务。这种既有分工又有协作的组织形式,要求小组成员必须具有整体观念。

（3）教师的作用。教师的工作重点集中在开发引导文、教学准备阶段和收尾阶段。教学过程中教师只起组织、协调、督促、咨询作用。

4.4.7 引导文教学法案例

案例一：捷达轿车 MK20 ABS 系统轮速传感器故障诊断

ABS 系统轮速传感器故障诊断教学设计见表 4-9 所示,教学活动设计见表 4-10 所示,轮速传感器故障诊断项目学生工作页见表 4-11 所示。

ABS 系统轮速传感器故障诊断教学设计　　　　　　　　　　表 4-9

1. 学习领域：汽车底盘系统故障排除
2. 学习任务：ABS 综合故障
3. 学习时间：4 学时
4. 教学方法：在故障诊断引导文下辅以四阶段教学法和讲解法,具体实施理实一体化教学
5. 教学目标
知识目标：能看懂 ABS 防抱死系统电路图,理解 ABS 系统轮速传感器故障诊断流程。
能力目标：培养学生利用资料检测和排除的能力；锻炼学生熟练使用诊断仪和万用表；具备对元件进行基本测试的能力。
态度、价值观目标：通过分组学习和自我评价,养成工作后反思和总结的习惯。
6. 教学重点
理解 ABS 防抱死系统电路图；
利用故障诊断工作单理解 ABS 系统轮速传感器故障诊断流程；
掌握电路和元件测试技能。
7. 教学难点
理解 ABS 系统轮速传感器故障诊断流程；
掌握电路和元件测试技能。
8. 教具准备
教学环境：电控底盘实训室。
教师用多媒体教学设备一套、学生用电脑 1 台、金德 KT600 故障诊断仪、数字万用表、诊断测试线、塞尺、ABS 故障诊断实训台(4 台)。
9. 故障设置
利用开关,设置左后轮传感器 G46 信号线断路

续上表

增加 G46 传感器调整垫片,使其间隙过大,信号超差。
10.学习过程
①教师向学生布置学习任务,提出任务要求;
②学生仔细阅读引导文,明确学习任务要求;
③学生自主获取信息、制订计划、做出决策并实施计划;
④学生对全过程做好记录;
⑤教师巡视学生的检测学习情况,给学生必要的指导,并记录学生学习时的表现;
⑥学生进行 ABS 电路的检测,完成波形测试,师生共同分析,缩小排故范围,教师根据学生学习情况决定检测重复次数,训练学生的技能;
⑦学生整理展示,提交学习结果,完成自我评价;
⑧交流学习的体会、收获、所获得的经验性成果与解决学习过程中出现问题的方法

教学活动设计　　　　　　　　　　　　　　　　　　　　　表 4-10

教师活动	学生活动	时间
环节 1:明确任务 1.将学生分成 8 组,每组 2 人,并分配工位。 2.教师分发故障排除作业单,并解读	1.学生清点实训设备,并记录。 2.学生分组研究作业单,了解作业步骤	5min
环节 2.1:教师指导,学生实操,确定故障范围体现"做中学" 1.教师开门见山,引入教学课题。 2.教师演示 ABS 试验台的操作方法。 3.学生按照工作单的引导,开始动手实操。 4.当学生进行到作业单"第八项:确定故障范围"时,学生停止实操。利用课件集中讲解,分析如何根据已经读出的故障码和数据流,确定出故障范围	1.学生集中。 2.学生分组实操,一组工作,一组观看	15min
环节 2.2:教师指导,学生实操,学习电路测试技能 注:此处采用 4 步教学法和谈话式教学 1.教师利用课件讲解 ABS 电路图。 2.教师利用课件和线束实物,演示电路测试技能。 3.当学生都做完后,师生共同分析,缩小排故范围	学生"学中做" 1.学生查阅《ABS 故障排除自学习手册》,填写测试端子号。 2.学生模仿老师的操作	15min

4 职业教育教学方法及专业教学案例

续上表

教 师 活 动	学 生 活 动	时间
环节3:教师指导,学生开始元件测试 注:此处采用4步教学法和谈话式教学 1. 教师播放视频,演示轮速传感器动态和静态测试。 2. 当学生完成传感器电阻检测后,教师分组核对缩小的排故范围,视情分别指导。 3. 当学生完成波形测试后,集中讲解传感器标准波形和故障波形 防抱制动车速传感器 FERQ=416Hz P-P=3.00V 车速在200MPH测试防抱制动车速传感器测试记录 +2V 0V -2V CH1 1V/div AC 10ms/div 信号的幅度和频率随着车速的增加而增加 ABS电脑运用从车速传感器信号读出的频率信号来确定车轮何时发生抱死的危险	学生"做中学" 1. 学生按工单指引,查阅《ABS故障排除自学习手册》,完成操作	20min
环节4:教师引导,学生确定故障点,并排除故障		2min
环节5:学生完成自我评价		1min
环节6:下一组学生进行实操	如有问题,两组同学讨论、交流	30min
环节7:教师进行教学评价与反思 利用课堂教学评价表(附件)反思过程	学生5S,整理工位	2min

轮速传感器故障诊断项目学生工作页　　　　　　　　表4-11

班级＿＿＿＿　　姓名＿＿＿＿　　教师评价＿＿＿＿

项　　目	ABS故障指示灯常亮	执 行 操 作
设备清点	KT600诊断仪　　万用表　　测试线　　塞尺	
记录车辆信息	车型:＿＿＿＿　　　车辆VIN码:＿＿＿＿＿＿	
常规检查	发动机冷却液□　　制动液位:正常□\添加□　　机油□ 蓄电池电压:正常□\小于10V□●	●蓄电池充电
诊断仪连接	故障诊断仪开机:正常□ \ 无法开机□	

续上表

项 目	ABS 故障指示灯常亮			执 行 操 作
故障现象确认	记录故障现象 检查项目		检查结果	●执行诊断仪不能通信故障排除作业单
	1.点火开关 ON,ABS 故障指示灯		先亮后灭□ 常亮□ 不亮□	
	2.启动 ABS 试验台,调速并紧急制动		制动踏板:震颤□ 无震颤感□	
	3.诊断仪通信情况●		通信正常□ 不能通信□	
故障代码 及 安全状态检查	1.故障代码_____ 含义:_____● 2.检查故障代码指示元件的安装情况,并排除。 外露线路破损:是□\否□ 插接件脱落或破损:是□\否□			●查阅《ABS 自学习手册》
读数据流和清除故障码	1.运转 ABS 试验台,用 KT600 诊断仪数据流● 	项目	实测值	判　断
左前轮转速	km/h	左前□\右前□\左后□\右后□轮速传感:
右前轮转速	km/h	无信号□
左后轮转速	km/h	信号偏差过大□
右后轮转速	km/h	| 2.诊断仪清除故障码 完成□ 未完成□ 3.确认故障是否再次出现 ①点火开关 ON,运转 ABS 试验台。故障指示灯:常亮□ 不亮□ ②检查故障代码:有□\无□ 故障代码:_____			●参照《ABS 自学习手册》
确定故障范围	故 障 点	判断	故 障 点	判断
	左前□\右前□\左后□\右后□轮速传感器信号线短路	是□\否□	左前□\右前□\左后□\右后□轮速传感器信号线断路	是□\否□
	左前□\右前□\左后□\右后□轮速传感器间隙过大	是□\否□	左前□\右前□\左后□\右后□轮速传感器损坏	是□\否□
	ABS 系统 ECU 损坏	是□\否□	ABS 泵电机损坏	是□\否□
	ABS 系统熔断丝断路	是□\否□	液控单元损坏	是□\否□
	ABS 泵电机熔断丝断路	是□\否□		
电路检查	1.点火开关 OFF:断开左前□\右前□\左后□\右后□轮速传感器连接插头　　　　　　　　　　　　　　　　　　　　　　　　　　　　　　　　　□ 　　　　　　断开 ABS ECU 端子插头　　　　　　　　　　□ 2.用万用表检查轮速传感器信号线断路 ①万用表校零　□ ②测量记录●			●查阅《ABS 自学习手册》

续上表

项 目	ABS 故障指示灯常亮				执 行 操 作
电路检查	传感器	测量点	测量值	断路判断	
	左前 G47	端子（ ）→传感器插头 端子（ ）→传感器插头	电阻：＿＿＿Ω 电阻：＿＿＿Ω	是□ \ 否□ 是□ \ 否□	
	右前 G45	端子（ ）→传感器插头 端子（ ）→传感器插头	电阻：＿＿＿Ω 电阻：＿＿＿Ω	是□ \ 否□ 是□ \ 否□	
	左后 G46	端子（ ）→传感器插头 端子（ ）→传感器插头	电阻：＿＿＿Ω 电阻：＿＿＿Ω	是□ \ 否□ 是□ \ 否□	
	右后 G44	端子（ ）→传感器插头 端子（ ）→传感器插头	电阻：＿＿＿Ω 电阻：＿＿＿Ω	是□ \ 否□ 是□ \ 否□	
	3. 用万用表检查轮速传感器信号线对地短路●				●查阅《ABS 自学习手册》 1. 缩小故障范围
	传感器	测量点	测量方法	短路判断	
	左前 G47	端子（ ）→搭铁点 端子（ ）→搭铁点	万用表 通断测试	是□ \ 否□ 是□ \ 否□	
	右前 G45	端子（ ）→搭铁点 端子（ ）→搭铁点		是□ \ 否□ 是□ \ 否□	
	左后 G46	端子（ ）→搭铁点 端子（ ）→搭铁点		是□ \ 否□ 是□ \ 否□	
	右后 G44	端子（ ）→搭铁点 端子（ ）→搭铁点		是□ \ 否□ 是□ \ 否□	

故障点	判断
轮速传感器信号线短路	是□
轮速传感器信号线断路	是□
轮速传感器间隙过大	是□
轮速传感器损坏	是□

项 目					执 行 操 作
元件测试	1. 万用表测试静态电阻●				●查阅《ABS 自学习手册》 1. 缩小故障范围
	传感器	标准值	实测值	判断	
	左前 G47	＿＿kΩ	＿＿kΩ	良好□ \ 损坏□	
	右前 G45		＿＿kΩ	良好□ \ 损坏□	
	左后 G46		＿＿kΩ	良好□ \ 损坏□	
	右后 G44		＿＿kΩ	良好□ \ 损坏□	

故障点	判断
轮速传感器信号线短路	是□
轮速传感器信号线断路	是□
轮速传感器间隙过大	是□
轮速传感器损坏	是□

2. 运转 ABS 试验台，示波器动态检测传感器。

传感器	标准波形	判断
左前 G47	1500mV 1000 100 0 −500 −1000mV 5ms/DIV GENERAL SENSORS	良好□ \ 损坏□
右前 G45		良好□ \ 损坏□
左后 G46		良好□ \ 损坏□
右后 G44		良好□ \ 损坏□

1. 在点火开关 OFF 情况下，插上 ECU 插头。
2. 点火开关 ON，重新建立通讯信，进入数据流模块。
3. 运转试验台，使车速超过 20km/h。
4. KT600 退出数据流功能，进入示波模块

续上表

项 目	作 业 记 录 内 容				执 行 操 作
元件测试	3.用塞尺对传感器与信号发生盘间隙检查●				●查阅《ABS自学习手册》 1.调整传感器与信号发生盘间隙
	传感器	标准值(mm)	实测值	判断	
	左前 G47		____mm	正常□ 过大\小□	
	右前 G45	前轮____	____mm	正常□ 过大\小□	
	左后 G46	后轮____	____mm	正常□ 过大\小□	
	右后 G44		____mm	正常□ 过大\小□	
故障点	1.____ 2.____ 3.____				
工作评价	1.电路检查技能掌握 □ 2.传感器动静态测试技能掌握 □ 3.ABS轮速传感器故障诊断流程掌握□ 4.KT600诊断仪熟练使用□				

4.4.8 应用分析

1) 教学效果分析

本教学案例采用的引导文教学法是行动导向教学法体系中的一种方法,引导文教学法也是一种宏观的教学方法,在使用中可以结合其他教学方法(如项目教学法、实验教学法),并在不同内容中穿插不同的微观教学方法,则会产生更好的效果。如本案例中采用引导文,其中微观教学方法可使用直观教学法、三步教学法、检测分析法等。

引导文借助引导问题,制订工作计划和自我检验等步骤,使学生树立正确的学习动力,激发学习热情,提高学习自觉性,达到自主学习的境界。在教学过程中,不仅要教学生"学会",更要教学生"会学",这正体现引导文教学法的本质内涵。

2) 应注意的问题

引导文教学法的关键是开发优质的引导课文。因此,需要教师从学生的角度,研究分析、精心设计出引导课文。优质的引导课文应该使学生明确学习目标,清楚地了解应该完成什么工作,学会什么知识,掌握和使用什么技能,以及怎样去完成。在教学过程中,教师不能忽视自身的主导作用,要注意发挥咨询引导、组织协调的作用,及时给学生提供指导和帮助,并注意把握学习进程。

4.5 案例教学法及应用案例

4.5.1 案例教学法的含义

案例教学法是基于情景学习论、认知弹性论,以学生为主体,凭借具有多元表征的潜在价值的"案例",引导学习者进入科学探索和反思的学习过程。同时它是通过对一些典型案例的判定、分析和研究,阐明某一学科的一般规律、某一问题的具体认识,从而使学生了解掌握所学知识的一种教学方法。

案例教学法起源于20世纪20年代,由美国哈佛商学院所倡导,当时是采取一种很独特的案例形式的教学,这些案例都是来自于商业管理的真实情境或事件,透过此种方式,有助于培养和发展学生主动参与课堂讨论,实施之后,颇具绩效。这种案例教学法到了20世纪80年代,才受到师资培育的重视,尤其是1986年美国卡内基小组提出"准备就绪的国家:二十一世纪的教师"的报告书中,特别推荐案例教学法在师资培育课程的价值,并将其视为一种相当有效的教学模式,而国内教育界开始探究案例教学法,是在20世纪90年代初开始的。

基本上,案例教学法是一种以案例为基础的教学法,案例本质上是提出一种教育的两难情境,没有特定的解决之道,而教师于教学中扮演着设计者和激励者的角色,鼓励学生积极参与讨论,不像是传统的教学方法,教师是一位很有学问的人,扮演着传授知识者角色。

案例教学的目的,在于通过解决实际生活中产生的问题,达到既巩固基础理论知识,又获取新的信息,提高解决问题的技能。同时,在解决问题的过程中,通过小组研讨,角色扮演等活动,也提高了自己与他人在解决问题时的协作,沟通能力。显而易见,案例教学中,在课堂上教师与学生的位置已经转移,教师的中心位置已经转移,它不在课堂上,而在备课和学生活动和对案例活动的总结过程中,解决问题的主角是学生。这与传统教学中,教师完全掌握课堂有根本的区别,而学生亲身参与问题的解决和被动听课所获得的知识、技能的提高,也有根本的区别。角色扮演就是用演出的方法来进行教学。在角色扮演的教学中,给一组学生提出一个情境,要求一些学生担任各个角色并出场表演,其余的学生观看角色扮演,认真注意与所上课程目标有关的具体行为。表演结束后,进行讨论,扮演者、观察者和教师一起结合表演时感情的体验以及表现出的行为。

4.5.2 案例教学法的特点

(1)案例教学是一种引导启发式教学,改变了教学过程中单纯由老师唱主角,讲授知识,学生当观众,被动接受知识的状况,把知识的讲授和能力的培养训练有机地结合起来。

(2)案例研究教学法是典型的归纳教学法,从个案出发,尝试推导到普遍,并让学生理解。

(3)对于汽车维修而言,实践经验非常重要,案例教学理论联系实际,是一种参与式教学。根据教学设计,学生可以不同程度的来自我控制学习活动。

(4)根据教学设计,会出现多种形式的复杂性和不同的问题重点;案例研究是非常"有弹性"的,它为现实问题与学习建立桥梁,使现实问题成为学习内容。

(5)根据教学设计,案例研究教学法可涉及认知,实际,情感等不同方面。案例教学符合学生的思维习性,其案例中所展示的社会活动中的现实背景、具体场景、细节不仅具有感性而且具有理性,会给学生留下很深的印象,引发学生理性思考。

(6)案例教学法对于师资培训具有实用价值,尤其在师资培育职前阶段,更可帮助职前教师建立其教学实务知识。

4.5.3 案例教学法的典型过程

案例教学法的典型过程如图4-5所示。在案例教学法的设计及实施过程中,下面问题对案例的理解和分析具有重要意义：

(1)案例可能会促进哪些类型的认知、实践和情感能力的发展？

(2)案例设计的各个不同方面是如何应用的？分别有什么样的结果？

(3)当案例设计的各个方面发生变化时，结果又是如何变化的？

(4)每个案例组织中相应可能会出现怎样的教学情境(教师行为、学生行为)？

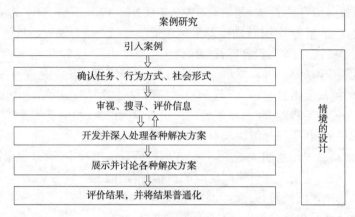

图 4-5　案例教学法的典型过程

4.5.4　案例教学法的设计视角

1) 叙述与信息经济性

能够创建叙事的学习情境，是案例教学法的显著特征，可以帮助学生贴近生活情境，集中注意力并融入基本知识。叙事给学生的自我控制学习传递了细节饱满的情境，介绍了多样的问题和处理方法，允许有不同的解决方案，并提供了很好的出发点。

因为叙事这种方法与一些教师的教学想法不符，叙事与科学偏离较远并且也需要时间，所以在很多案例研究中采用更有逻辑的实情报告来代替讲述。极端情况下还要给出关键词，和非常精简的、符合专业习惯的反映生活世界的数据描述。最后则出现封闭的工作任务和学习策略，这种学习策略更强调记忆而不是理解。

2) 问题范围与复杂性

案例中问题的广度很大。它的范围可以从非常棘手的专业问题到简单的工作任务，工作任务的问题就隐藏着逻辑，并不立即明显突出。就这一点来说，案例研究的问题在原则上可以取决于学生，学习对象，要求和框架条件。

同样可以发生变化的包括案例的复杂度，由相关元素的类型和数量构成的内在结构也会发生变化，当然还包括这些元素之间存在的联系。基本上复杂度与包含问题的特征相互制约。如果基础知识与信息进行能够很好地整合的话，那么案例的复杂度还会增加，因为出现了数目众多的其他种联系。在此过程中问题的复杂度也随之降低，因为很多内容都是显而易见的。

3) 讲述内容的虚构性

案例研究是建立在真实的偶然事件的基础上的。但是在报告中也有虚构的成分，这是因为出于教学目的，该故事已经被"教学法化"了，也因为要把真实故事理清楚，太费事了。也不可能完整的记录一整个偶然事件,总是会出现个人观点。更多情况下我们都会采用完全虚构的故事。趋势是叙述越简洁,虚构性越大。虚假的故事很容易让人觉得没意思,因为人们知道,故事没有自身价值,只是出于教学目的或者只是为引入学习任务而出现。

4) 学习环境的开放性与封闭性

一个基本的设计可能性是,将案例研究的学习环境设计为封闭的或者或多或少的带有开放性。封闭性指的是:在研究案例中相关的信息都已经给出。开放性指的是,根据需要,学生也可以(通过互联网或者企业)筛选相关信息。学习环境是非常符合学生日常生活的真实的解决问题的情境。

5) 定义问题、提出任务的开放性与封闭性

阅读并理解文字是建立在一个互动的过程基础上的,在这个过程中读者和他的基本知识很重要。他建构出对故事的理解,发现其中的关系和问题,这些在他生平经历中对他来说重要的。不同的读者对于一个案例可能会有不同的理解。如果想要学生支持而且主观参与到案例中,并在学习过程中获取很多信息,那么就要让学生参与到问题定义中去,并弄懂学习方法。在案例研究的一开始要集体讨论这个案例(问题)并进行协调商讨。

如果要鼓励学生尝试并使用不同的学习策略,必须设计开放性的任务。

6) 问题解决方案的开放性与封闭性

在上面提及的论点也适用于这里。此外,随着复杂性的增长和情况的实现,必然会出现多样化的解决途径和解决方案。这反过来也促进了学习方法的总结。而且这也符合我们日常生活情境。

4.5.5 教学案例

案例一:

1) 教学方法引入

案例教学法中,怎样的材料可称之为案例?案例何时、以何种方式呈现?使用案例是为了达到怎样的目的?下面以"某发动机正常运行时,缓慢熄火后,不能起动"为例引入发动机不能起动故障有哪些的问题,启发同学分析发动机工作条件及起动控制过程,发动机故障诊断的一般程序,掌握发动机故障检修仪器仪表和维修工具使用,熟知操作规范技能,培养学生安全生产及环保意识、独立工作能力和团队合作精神等。

2) 教案

发动机不能起动故障检修项目教案见表 4-12 所示。

发动机不能起动故障检修项目教案　　　　　　　　表 4-12

课程名称	汽车发动机电控系统检修		
教学项目	发动机不能起动故障检修		
学习情境	"发动机正常运行时,缓慢熄火后,不能起动"故障检修		
授课对象		授课学期	
授课教师		建议课时	2学时

续上表

授课地点	教学做一体化实训室			
参考教材				

教学设备

类别	名称	数量	用途	备注
车辆	奇瑞A3 1.6MT进取型轿车实训台	4台	演示故障现象、检测、排除故障	设置燃油泵断路故障，做好发动机检修防护
实训台架	奇瑞A3发动机结构	2台	熟悉发动机结构	解剖
检测仪器	数字万用表	4套	检测电路	正常
	X431解码器	4台	读取故障码、数据	
维修工具	世达维修工具	4套	拆装零部件	正常
多媒体设备	投影	1套	播放视屏、演示文稿	连通网络
	电脑	10台	学生查阅资料、网络课程学习	

一、设计理念与思路

重点把握职业教育的本质属性，以学生为主体，工学结合、理论联系实际，以行动为导向，以企业的维修项目为载体，以典型故障检修任务为学习情境；按照任务的工作过程、工作岗位的核心技术及发展趋势，整合有序化教学内容，注重知识、操作技能、创新能力的融合训练；实施"教、学、做"一体化教学；引入"颠倒课堂"教学理念，利用了在线资源和在线学习，做到"以学生为中心""因材施教"；灵活运用多种教学方法、合理使用多媒体和信息技术教学手段，拓展教学内容、学习手段，调动学生的学习积极性、主动性，提高教学效果；融入现代企业管理机制，注重学生思想品德和职业道德养成教育

二、教学项目选取与定位

通过企业调研、对发动机典型综合故障检修分析，认为"发动机不能起动"故障检修，是典型、具有示范性、代表性的故障，它是《汽车发动机电控系统检修》课程中第二章内容，是学生学习了发动机故障诊断技术、发动机故障诊断的一般程序、发动机故障检修仪器仪表，和维修工具使用，熟知了操作规范、注意事项等职业素质，进行的综合故障检修的一节课

三、学生分析

本次授课对象：高二第四学期的学生，学生已经学习了《汽车发动机机械构造》《汽车发动机电控技术》等基础课程。

具备的专业基础：能读懂发动机机械结构图、发动机电控系统原理图；能够使用常规维修工具和检测仪器；具备一定的发动机零部件拆装检测能力。具备了一定的查阅技术资料的能力。

思想情况：感性认识较强，理性思维能力较差；思维活跃，喜欢动手动口，但是分析问题、解决问题的能力较弱，自主学习能力一般，团队意识较强，好胜心强，具备一定的组织协调能力。

学习情况：学习目标不明确，受认知能力发展的限制，学生面对复杂的问题，认识和理解能力存在着局限性，对专业知识和操作技能理解掌握程度差别较大。

为了更好地解决学习问题，采取措施：

分组管理，组织管理能力好的同学担任组长，负责安全、管理。学习主动性、掌握知识和技能快、具有表达能力的学生担任学习指导员，学生相互兼顾、共同学习；加强监督，课前、课后利用网络浏览次数、时间、讨论、作业、测验等学习情况监督，实施督导，课中注重行动思维、知识应用、操作技能、技术的探讨加强考核；实施优秀生指导后进生激励措施，既提高了学生的积极性，也解决了教师不足的问题；充分利用网络课程、虚拟课堂、汽车网站等教学资源，拓展教学内容、丰富教学形式；进行思想道德、理想教育，树立正确的专业意识、人生观和价值观；努力构建生动、和谐、积极向上的学习环境

续上表

四、参考教材分析

参考教材:《汽车发动机电控系统检修》。本教材,以检修项目为主线,将发动机故障检修与排除知识渗透到各项目中,是理实一体化教材。

不足:与现有的教学设备不配套,没有学习(检修)过程任务单。

为此,结合学校设施、场地配备、参考资料、网站资源、网络课程等实际情况,按照企业实际典型的故障现象设计教学情境,按照维修过程设计教学过程,教学采用车间式管理模式,设计了"学习(检修)过程任务单"和考核标准。充分体现课程的职业性、实践性、知识性和操作性和开放性,有利于"教学做一体化"教学的实施、有利于提高学生学习主动性

五、教学目标

明确了学生学习情况,分析企业汽车发动机综合故障检修典型的工作情境,分析职业人才成长规律,明确了汽车维修岗位所需基本技能、理论知识、完成岗位工作所需要职业素质、未来技术发展对人才要求。分析了《汽车发动机电控系统检修》课程特点,分析了参考教材特点。考虑到学生已有的认知结构心理特征,制订了《发动机不能起动故障检修》教学目标

能力目标	知识目标	素质目标
1.能确认故障现象,根据故障现象分析原因、制订维修计划; 2.能运用检测设备对故障检测分析,确定故障区域和部位; 3.能按照技术要求和操作规范,拆装、修理和装配故障部件; 4.具有发动机维修竣工检验的能力	1.掌握发动机无法起动故障的特征; 2.掌握发动机无法起动故障相关系统的结构原理; 3.掌握发动机无法起动故障原因分析、检测诊断方法; 4.掌握维修工艺、维修技术要求	1.能用媒体和信息技术手段查找资料; 2.具有表达沟通、协调组织能力和团队精神; 3.具有独立学习,积累经验,不断发展和探究新技术的能力; 4.培养认真负责的职业态度,真诚的服务意识;现场7S管理素质

六、教学内容、教学重点、难点

1.教学内容

按照教学目标,从基础理论知识学习,行动思维培养,知识运用,技能操作,技术应用,改造创新,确定了教学内容。

(1)奇瑞 A3 发动机机械结构及电控系统特点;

(2)奇瑞 A3 发动机工作条件及起动控制过程;

(3)奇瑞 A3 发动机不能起动故障原因分析,维修计划制订;

(4)奇瑞 A3 发动机不能起动故障检测分析,诊断排除方法;

(5)奇瑞 A3 发动机部件修理、维修质量的检验;

(6)对发动机不能起动的故障排除方法,提出改进建议。

2.教学重点:

"发动机不能起动"故障检测诊断、修理、验证。

措施:教学指导书,多媒体视频引导,示范演示,实践操作总结训练的方法,解决教学重点。

3.教学难点:

发动机不能起动故障原因分析判断、方案制订。

措施:对比分析、讨论辨析,实践验证的方法,突破教学难点

七、教学环境设计

依据设计理念要求,教师是双师型,具备高校教师资格,具备企业维修经验;获得国家汽车修理工、修理电工职业资格,具备汽车维护修理的能力;具备教学组织、管理及协调能力,具有创新精神,能够使用多媒体,互联网等信息化设备教学

续上表

根据学习环境与工作环境相一致的理念,便于实施一体化教学,建立了与维修企业工作环境相同的一体化实训室,学生在真实的学习环境中完成故障检修,实现工作就是学习,学习就是工作。 学习资源准备了,奇瑞 A3 发动机维修手册,汽车维修质量标准,"汽车修理工"国家职业标准;汽车相关资料网站、校内电子图书馆等,并且结合教学设备,教材设计了学习任务单,利用网络教学平台建立了网络课程,满足学生的学习要求
八、教学方法与手段
教学中灵活运用,演示教学法、任务驱动式教学法、分组讨论法、启发式教学方法、案例教学法、讲授教学法、角色扮演法等多种教学方法,调动学生的学习积极性和主动性; 合理使用投影、摄影机、课件、视频等多媒体教学,将课程内容融在文字、图片、声音、视频、动画中,调动了学生的眼、耳、手,使枯燥的教学变得有趣; 充分利用网络课程平台、互联网、搜索引擎、数字图书馆、QQ 交流平台、汽车论坛网站等信息技术手段教学,扩大了学习、交流空间;提高教学效果
九、教学过程设计
1. 以实际维修过程设计,教学过程。 课程项目,以基于行动导向的教学理念,按照汽车维修企业故障检修过程:"顾客报修—知识获取—故障原因分析、维修计划制订—检测诊断—维修验证—总结评价、拓展学习"六个步骤,设计教学过程。学习过程就是工作过程。 2. 教学采用"教学做一体化"教学:将汽车发动机故障检修的理论知识内容穿插在相应的能力训练任务中,在与汽车企业维修现场相同的实训车间上课,使学生边做边学、边教边学,在做中学,在学中做,实现了理论、实践、技能应用一体化教学。学生在完成能力训练任务过程中,不单纯是训练技能,而且能够自主构建知识体系,培养可持续发展的能力。 3. 引用"颠倒的教室"的教学模式,在课前通过网络课程、QQ 或微信发布学习要点,学生依据自己的认知能力,选择时间,选择学习方式。自主学习。教师通过信息技术手段辅导;而把知识内化的过程放在课堂中,同学之间、同学和老师之间沟通、交流、讨论,按照教学环节完成故障检修

3)教学案例过程呈现

发动机不能起动故障检修项目教学过程见表 4-13 所示。

发动机不能起动故障检修项目教学过程　　　　　表 4-13

十、教学环节及进程
1. 课前准备
(1)知识准备。 教师:课前通过课程网站,QQ、微信,提前下达本次课的教学目标、学习内容,并在课程网站、论坛进行了学习指导,交流讨论。监督检查学习情况。 学生:课前明确学习目标,学习内容。利用信息技术手段,在课程网站,图书馆等资源,自主学习,并通过了在线学习点数统计和理论知识测验。为本次课学习做好知识储备。 (2)教学设备:在实车教学设备上设置"发动机正常运行时,缓慢熄火后,不能起动"故障。准备好投影,开启工作台电脑,接通网络,做好实训设备防护,配齐工具、常用工具及相关检测仪器。 (3)教学资料:课件、视频、案例、课程网址、维修手册、成果考核表等。 (4)学生分成组。把组织协调能好的同学分配到各组,担任组长负责安全、管理;把学习主动性好、学习优秀、接受知识和技能快,具有表达能力的学生分配到各组,担任学习指导,带动由于基础差,跟不上教学进度的学生,相互兼顾、共同学习。更好地带动大部分学生的学习积极性,方便老师的组织教学

4 职业教育教学方法及专业教学案例

续上表

2. 教学实施过程

教学环节		教学活动	手段和方法
课前准备	教师活动	课前通过课程网站、QQ、微信，提前下达本次课的教学目标、学习内容，并在课程网站、论坛进行了学习指导，交流讨论，监督检查学习情况	1. 信息技术手段； 2. 课程网站； 3. 图书馆等资源； 4. 交流讨论； 5. 多媒体
	学生活动	课前自主学习：课前明确学习目标、学习内容。利用多媒体和信息技术手段，自主学习充电系统相关理论知识、安全注意事项、操作规范、7S管理等职业素质，并通过了在线学习的理论知识测验。 完成 2. 知识获取-任务单	
	课前自主学习内容	发动机机械结构组成、系统作用、部件安装位置；发动机电控系统作用、组成、控制原理；奇瑞A3发动机工作条件及起动控制过程；发动机不能起动故障原因、检测排除方法；发动机故障检修注意事项	
1)顾客报修	教师活动	教师以顾客身份叙述项目情境，将学生引入实际工作情境。演示"发动机缓慢熄火后，再次起动发动机，不能起动"故障现象。启发性的讲解，设问：该故障是汽车那个系统有故障呢	1. 演示故障； 2. 角色扮演； 3. 启发引导； 4. 总结性谈话
	学生活动	学生模拟维修技师接待顾客，询问"客户"了解车辆故障信息，故障发生的特点和规律及车辆的使用情况，学生亲身操作、体验、观察发动机不能起动的故障表象，进行初步检查、验证和确认故障大致发生的系统或部位。 完成 1. 顾客报修-任务单	
	教学内容	一、检查内容：1. 初步检查发动机的油路、气路、线路等外表故障；2. 检查确认顾客报修故障现象；3. 确认发生该故障出现的条件；4. 完成顾客报修信息登记 二、结论：1. 该车没有明显外在故障部位；2. 没有故障码；3. 故障现象，发动机不能起动	
2)知识获取	教师活动	多媒体展示学习内容，组织讨论学生在课前学习中遇到的疑难问题，教师引导讲授	
	学生活动	小组合作，利用多媒体（课件、视频、动画）和信息技术手段（网络课程平台、互联网、搜索引擎、数字图书馆、QQ交流平台、汽车论坛网站等），收集与发动机不能起动故障相关的资料，讨论学习。 学生：展示学习成果； 完善 2. 知识获取-任务单	

93

续上表

2)知识获取	教学内容	一、讨论学习内容:(1)发动机机械结构组成、部件安装位置;(2)发动机电控系统作用、组成、控制原理;(3)奇瑞A3发动机起动控制过程;(4)发动机故障检修、注意事项;(5)发动机不能起动故障原因;(6)发动机不能起动故障检修、注意事项。 二、奇瑞A3发动机结构特性:E4G16,1.6L126马力,直列四缸、水冷、双顶置凸轮轴DOHC,16气门,双VVT,可变进气歧管VIS,压缩比11,供油方式多点顺序喷射系统,燃油压力4bar。 三、发动机电子控制系统:联合电子ME 7.8.8发动机管理系统通常主要由传感器、微处理器(ECU)、执行器三个部分组成,对发动机工作时的吸入空气量、喷油量和点火提前角进行控制。 四、发动机电子控制原理:在发动机电控系统中,传感器作为输入部分,用于测量各种物理信号(温度、压力等),并将其转化为相应的电信号;ECU的作用是接受传感器的输入信号,并按设定的程序进行计算处理,产生相应的控制信号输出到功率驱动电路,功率驱动电路通过驱动各个执行器执行不同的动作,使发动机按照既定的控制策略进行运转;同时ECU的故障诊断系统对系统中各部件或控制功能进行监控,一旦探测到故障并确认后,则存储故障代码,调用"跛行回家"功能,当探测到故障被消除,则正常值恢复使用。 五、汽油发动机正常起动必须具备以下条件: (1)准确的点火时间和足够的点火能量。这一部分主要受发动机点火系统的控制;(2)良好的可燃混合气(合适的空燃比);这一部分是由燃油供给系统及进气系统来保证;(3)足够的汽缸压力,这一部分的性能好坏,主要取决于发动机的机械系统,即两大机构;(4)足够的发动机起动转速,这一部分是由起动系统来保证,主要取决于起动机转速及发动机的起动阻力。 六、起动控制过程:在起动过程中,要采取计算方法来控制充气量、喷油和点火正时。开始阶段,进气歧管内的空气是静止的,节气门关闭,怠速调节器指定为一个根据起动温度而定的固定参数,计算机执行初始喷射脉冲,喷射燃油量。当发动机达到一定转速前,要加浓混合气,一旦发动机开始运行,系统立即开始减少起动加浓,直到起动工况结束时(600~700r/min)完全取消起动加浓。在起动工况下点火角也不断调整。随着发动机温度、进气温度和发动机转速而变。 七、发动机不能起动的现象: (1)起动机能带动发动机正常转动,有一定的着火迹象,但不能起动;(2)起动机能带动发动机正常转动,但不能起动,没有任何的着火征兆,既无初始燃烧;(3)发动机不能起动:起动机带不动发动机转或能带动但转动缓慢	1.实车观察; 2.分组讨论; 3.多媒体课件; 4.信息技术; 5.启发引导; 6.讲授
3)原因分析制订计划	教师活动	提出问题:依据理论知识的学习,分析产生"发动机不能起动"故障原因? 总结展示:"发动机不能起动"故障原因;	

续上表

3）原因分析制订计划	教师活动	同学们,知道了故障原因,想排除吗?那就请制订一个合理可行的维修计划,说明故障诊断过程; 　　教师审查学生制订的维修计划,进行决策性的解答,确保维修计划正确可行; 　　展示、讲授优秀的维修计划	
	学生活动	学生进行知识应用,依据获取与故障有关的理论信息,进行理性的逻辑分析,交流讨论,确定故障产生原因。归纳总结,展示成果。完成3.故障原因分析-任务单 　　学生依据分析故障原因,通过信息技术手段,学习维修计划制订;按照先简后繁、先外后内、先易后难、先思后行、先熟后生检修原则确定故障检测、诊断计划,在教师的引导之下逐步趋于完善 　　完成3.制订维修方案-任务单	
	教学内容	序号　故障原因　序号　故障原因 1　起动系统　5　电控系统 2　点火控制系统　6　机械系统 3　燃油供给系统　7　防盗系统 4　进排气系统　8　CAN系统 一、分析原因 二、维修流程 发动机不能起动 ↓ 诊断仪器与ECU通信情况 —否→ 数据线路、ECU电源、ECU ↓正常 读取故障代码 —是→ 记录并清除代码再次确认代码 —是→ 按照故障代码排除 ↓否　　　　　　　　　↓否 点火开关起动机是否转动 —否→ 检查挡位开关、连接线路、启动继电器、起动机 ↓是 发动机是否转动 —否→ 起动机、电磁开关单项离合器 ↓是 检查火花塞高压是否有火 —否→ 检查曲轴(凸轮轴)位置传感器信号 → 检查点火模块、点火电路、ECU相关电路 ↓是 燃油压力是否正常 —否→ 检查喷油器、冷却液温度传感器 → 检查汽缸压力进气系统 → 检查排气系统、气门正时 ↓否 检查燃油泵及控制电路、燃油管路、压力调节器	1.交流讨论; 2.多媒体; 3.信息技术手段; 4.任务驱动; 5.引导、启发、答疑、讲授

续上表

	教师活动	教师进行职业素质训导,强调维修安全操作规范,讲解操作工位环境。教师在操作区域处来回巡视,对学生的检测过程进行监控、指导,对操作不规范及错误的地方进行及时纠正。 　　教师对学生的检测部位和确定的故障部位,进行实时审查,讲评、提高学生操作信心
4)检测诊断	学生活动	学生注意聆听,遵守安全规范;学生根据先前制订的操作步骤通过实车,进行检查、测量、论证、诊断,确定发动机零部件及相关电路故障部位;组长负责,分配任务,进行过程管理,共同协作额按成任务;学生进行实车检测操作; 　　完成4.检测诊断-任务单
	教学内容	同学们依据故障原因,制订了维修流程,但是,在实际维修过程中,是不是完全按照上述检修流程呢?答案:不一定,具体问题具体分析,一定要做到先思考,再行动的理念对车辆维修。 　　一、依据具体的故障现象、系统的结构原理,分析判断故障部位。 | 序号	分　析	结　论 | |---|---|---|
1	通过顾客报修的初步检查,起动机能够带动发动机曲轴正常运转	起动系统及其控制电路正常
2	解码器能进入发动机管理系统,无故障码	诊断系统、电控系统、防盗系统,正常
3	通过客户描述:发动机慢慢熄火,再次起动发动机不能起动	故障在:燃油供给系统 | 　　二、燃油系统及控制电路:奇瑞A3发动机燃油系统为无回油管系统,其压力是固定的4bar。燃油供给系统由油箱、安装在油箱内的燃油泵、燃油滤清器、燃油压力调节器、燃油管、燃油分配管、喷油器、主继电器组成。 燃油分配管、喷油器

1.多媒体展示操作规范和要求;
2.信息技术手段,学习故障检测步骤和方法;
3.教师启发引导,答疑、讲授,监控;
4.展示、讲授优秀的检测诊断步骤方法

续上表

| 4）检测诊断 | 教学内容 | 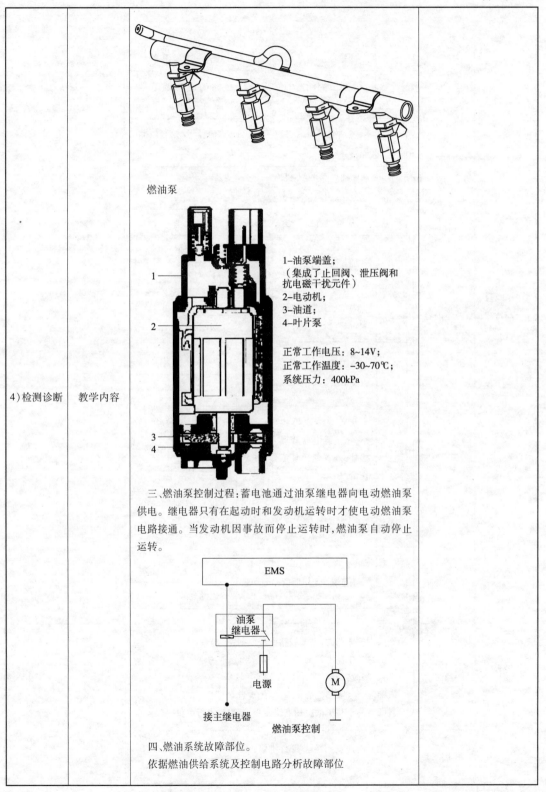
燃油泵

1-油泵端盖；
（集成了止回阀、泄压阀和抗电磁干扰元件）
2-电动机；
3-油道；
4-叶片泵

正常工作电压：8~14V；
正常工作温度：-30~70℃；
系统压力：400kPa

三、燃油泵控制过程：蓄电池通过油泵继电器向电动燃油泵供电。继电器只有在起动时和发动机运转时才使电动燃油泵电路接通。当发动机因事故而停止运转时，燃油泵自动停止运转。

四、燃油系统故障部位。
依据燃油供给系统及控制电路分析故障部位 |

续上表

			序号	故障部位	序号	故障部位	
			1	油箱存油不足	4	燃油泵不工作	
			2	燃油管路堵塞、破裂、接头松动漏油	5	燃油压力调节器故障	
			3	燃油泵继电器、熔断丝、线路故障	6	喷油器及控制电路故障	
4)检测诊断	教学内容		五、燃油系统故障检测判断。燃油供给系统故障检测部位及处理				
			序号	检测部位	结果	处理	
			1	油箱存油不足	是	补足燃油	
					否	下一步	
			2	燃油管路堵塞、破裂、接头松动漏油	是	修复	
					否	下一步	
			3	检测燃油泵熔断丝以及电压是否正常	否	更换、检修	
					正常	下一步	
			4	燃油泵继电器拔下，短接继电器触点接柱，查看燃油泵工作情况	工作	更换继电器、检查控制电路故障	
					不工作	下一步	
			5	用试灯检测燃油泵接线端子	灯不亮	继电器到燃油泵故障	
					灯亮	下一步	
			6	测量燃油泵电阻值	正常	燃油泵卡死不转动	
					不正常	燃油泵故障	
5)维修验证	教师活动		教师讲授零部件、电器线路修理原则；教师对学生提出零部件维修建议和修理方法，进行审阅、评价、引导修改；教师演示故障部位的修理，学生观看学习；教师对学生整车试验和维修质量检验后，进行评价、规范				
	学生活动		学生上网搜索、学习零部件维修；提出零部件维修建议和修理方法				

续上表

5）维修验证	学生活动	学生按照维修工艺要求，对故障部位进行修理； 进行整车试验，检验维修质量； 完成5.维修验证-任务单	
	教学内容	1. 零部件、电器线路修理原则； 2. 教师演示故障部位的修理，学生观看学习； 3. 维修：更换新燃油泵； 4. 维修质量检验：起动发动机，检验维修质量。	1. 实车演示； 2. 分组讨论； 3. 信息技术手段； 4. 启发、引导、答疑、讲授
6）总结评价	学习效果及综合素质评价 知识梳理及问题归纳	以专业能力、方法能力、社会能力等为考核内容，从个体和整体的角度评价； 归纳总结知识、技能，在评价的基础上，实现知识、技能的提升以及思维的开拓。 考核注重学生学习过程的全面监控，建立以能力展示为主的考核方式，对学生进行全面客观的评价	自评：学生自己评价自己任务完成的情况，分析优缺点。（包括工作状态、7S管理、团队协作能力、具体操作完成情况等） 互评：评价其他组任务完成的情况（评价要点同上） 讨论、总结，在任务实施过程中，知识的学习、应用经验，以及实现知识及技能的拓展情况。 完成6.评价反馈-任务单	1. 多媒体展示学习质量评价标准和综合考核评价项目表； 2. 小组讨论，教师引导
7）拓展学习作业	教师活动	教师展示"发动机不能起动"的不同车类型的故障，引导学生分析故障原因分析、诊断排除方法。 学习发动机检修新技术、新方法。 教师：通过网络课程平台、QQ交流平台等信息技术手段学生交，引导、启发、答疑	1. 小组讨论； 2. 信息技术手段； 3. 网络课程平台、QQ交流平台等

续上表

7）拓展学习作业	学生活动	1. 小组讨论，利用电脑、互联网、网络课程搜索学习 2. 互联网，网络课程平台、QQ交流平台等信息技术手段学生交流 3. 将拓展学习上传到课程网站，利用网络教学平台、交流论坛、QQ平台，讨论学习。下一节课就有关问题展开讨论。 4. 填写：7.拓展学习——任务单	
	教学内容	一、拓展学习-知识技能、拓展 1. 发动机不能起动：起动机带不动发动机转或能带动但转动缓慢； 2. 起动机能带动发动机正常转动，但不能起动，没有任何的着火征兆，既无初始燃烧。 二、拓展学习-技术拓展 学习发动机检修新技术，综合运用技术技能，对发动机不能起动的故障排除方法，提出改进建议	
小结	本节课总结	本节课以奇瑞A3"发动机不能起动"故障检修为载体，学习发动机综合故障检修的方法，学生在实践中学习理论知识，在知识的指导下学习操作技能，在故障排除过程中应用知识。 通过学习，熟悉了对"发动机不能起动"故障原因进行分析（不够全面）；基本能够依据故障原因制订维修计划（部分同学方案无序、不规范）；掌握了检测仪器仪表、工具使用；能够利用多媒体、互联网、网络教学平台等教学资源，自主学习、交流讨论、完成学习任务（少部分同学不能够完成）；达到了预期教学目标。 通过评价考核，我们也看到在整个教学过程中，有的同学学习不够积极主动，分析故障原因没有认真思考，维修方案制订简单、不完整、没有操作性；故障检测诊断时，测试点没有指向性；维修表较好，能够按照操作工艺进行；今后，请同学们吸取教训，发扬优点，更好地完成每一节课的学习任务。 强调课后拓展学习按时完成，提交到网络教学平台，我将及时评阅	
教学反思		1. 以"发动机不能起动"故障检修为学习情境，依据检修工作流程，学习了发动机综合故障分析、检修流程、检测、修理方法。 2. 整个教学过程，以学为主体，教师为主导，学生自主学习、独立思考、分析问题、解决问题，教师是组织者和引导者，启发带动学生学习，并及时发现学习过程中的问题并予以疏导。通过在课堂中进行小组讨论、课堂作业、成果展示、相互评价等方式，调动学生参与教学行动，提高学习主动性，培养行动能力。 3. 借助网络这个强大的信息资源库，使学生的学习由课内有限时间，向课外的无限空间延伸，使学生随时自主学习，交流、讨论。教师通过网络教学平台，随时与同学交流、答疑，查看学生学习情况，提高学生学习主动性。 4. 采用互联网信息化教学，知识面广，教师要不断学习新知识、新技术满足教学需要。培养了利用媒体和信息技术手段，查找资料，积累知识，探究新技术的能力。 5. 拓展知识有基础知识、技能操作到技术应用，积极引导学生运用知识和技能，解决实际问题，技术改造，提高学生的创新能力。 6. 教学中学生职业素质培养为重点，注重了方法能力、社会能力的培养。 7. 不足，在整个教学过程中，查找资料抄袭其他组的；维修表现较好，能够按照操作工艺进行。 授课不足：学生在填写任务单有抄袭现象，分析故障原因没有认真思考，按照教材抄写、按照网络抄写，维修计划制订简单、不完整、没有操作性；故障检测诊断时，思考不全面，表现为测试点乱、没有指向性；交流沟通少，学习不主动。使用此种教学模式，如果"颠倒课堂"理念，应用不好，学生课前学习不全面，在课堂上会影响教学进度。 今后，加强课前学生自主学习的督导。加强教学环节管理，强调小组监督，引导学生诚信、认真、刻苦学习	

4)《发动机不能起动故障检修》任务工单

发动机不能起动故障检修项目教学任务工单见表4-14所示;顾客报修—任务单见表4-15所示;知识获取—任务单见表4-16所示;原因分析、制定计划—任务单见表4-17所示;检测诊断—任务单见表4-18所示;维修验证—任务单见表4-19所示;总结评价—任务单见表4-20所示,拓展学习—任务单见表4-21所示。

发动机不能起动故障检修项目教学任务工单 表4-14

姓名:_____ 专业班级:_____ 学号:_____ 日期:____年___月___日 序号:_____

课程名称	汽车发动机综合故障排除			上课地点	一体化实训室	
教学项目	发动机不能起动故障检修			任课教师		
学习情境	"发动机正常运行时,缓慢熄火后,不能起动"故障检修			学时	2	
教学设备						
类别	名称	数量	用途		备注	
车辆	奇瑞A3轿车	4台	演示故障现象,检测、排除故障		设置燃油泵断路故障,做好发动机检修防护	
实训台架	奇瑞A3发动机结构	2台	熟悉发动机结构		解剖	
检测仪器	数字万用表	4套	检测电路		正常	
	X431解码器	4台	读取故障码、数据			
维修工具	世达维修工具	4套	拆装零部件		正常	
多媒体设备	投影	1套	播放视屏、演示文稿		连通网络	
	电脑	10台	学生查阅资料、网络课程学习			
任务说明	1.依据客户对故障现象的描述,询问客户了解车辆故障信息,故障发生的特点和规律及车辆的使用情况;验证并确认故障,完成"顾客报修"任务单; 2.通过原厂资料、教材、课程网站等资源,利用互联网、搜索引擎、汽车论坛等信息技术,查阅学习与该故障相关的各种信息,进行知识和能力的学习,将知识点填写在"知识获取"任务单; 3.依据获取的与故障有关的信息,以小组讨论的方式,分析故障原因,制订维修方案,完成"原因分析、制订计划"任务单; 4.依据诊断方案,根据厂商维修资料进行实车检测诊断,记录检测方法、测量数值,给出诊断结论,完成"检测诊断"任务单; 5.依据零部件的损坏程度,确定维修或处理方法,装复检修的零部件,实车验证,完成"维修验证"任务单; 6.对整个检修学习过程进行评估,并作出自我总结评价,完成"总结评价"任务单; 7.拓展学习"发动机不能起动"的不同车类型的故障现象的检修					
注意事项	1.按照维修手册,严格执行拆装步骤和维修操作工艺; 2.维修设备、测量工具和检测工具,按照使用方法操作; 3.严格执行发动机起动时间要求; 4.现场7S管理意识					

顾客报修—任务单 表4-15

姓名：＿＿＿＿ 专业班级：＿＿＿＿ 学号：＿＿＿＿ 日期：＿＿＿＿年＿＿月＿＿日 序号：＿＿＿＿

1. 接待顾客

接待顾客倾听顾客对故障现象的描述				
基本信息				
维修委托书号		来店时间	服务顾问	预约
客户名称		联系人	电话/手机	
联系地址				
车辆牌照号		车辆车型	车辆年份	
行驶公里数		保修起始日期		
VIN 号码			发动机号	
其他				

客户描述：

2. 情境问诊

了解故障发生的特点和规律，车辆使用、维修情况		
故障现象	发动机不能起动	□不运转　□无起动征兆　□有起动征兆　□其他
	发动机起动困难	□冷起动困难　□热起动困难　□其他
	怠速运转情况	□怠速不稳　□怠速高　□怠速低　□无怠速　□其他
	发动机熄火	□起动后　□踩下油门踏板后　□松开油门踏板后　□空调开启或工作时　□变换挡位时　□其他
	工作状态	□动力不足　□油耗过大　□喘振　□加速迟滞　□加速抖动　□敲缸/爆振　□进气管回火　□排气管放炮　□发动机过热　□发动机过冷　□发动机异响
	排放情况	□排气蓝烟　□排气黑烟　□排放超标　□其他
故障发生条件	道路情况	□高速路　□一般公路　□市内道路　□坡路　□粗糙路面　□其他
	天气情况	□晴天　□阴天　□雨天　□雪天　□其他
	环境温度	□炎热天　□热天　□冷天　□寒冷天　□其他
	冷却液温度	□冷机　□暖机时　□正常温度　□高温　□任何温度　□其他
	发动机工况	□起动　□起动后　□怠速　□无负荷　□有负荷　□行驶　□匀速　□加速　□减速　□急加速　□急减速　□其他
故障发生日期		发生频率　□经常　□间歇性　□仅一次　□其他
故障维修历史	故障出现前先兆：
	故障出现时处理情况：
	故障出现后维修情况：
	故障前维修/保养情况：

续上表

3.故障再现及初步检查确认	
故障现象再现	
初步确认,故障大致发生的系统或部位	

知识获取—任务单　　　　　　　　　　　　　　　　表4-16

姓名:_____　专业班级:_____　学号:_____　日期:_____ 年___月___日　序号:

收集维修资料——获得与故障相关知识信息——进行知识和技能的学习(课前)
一、请问"发动机不能起动"故障是在汽车哪个系统有故障呢?   二、请同学们进行故障理论知识的学习,回答下面问题。 1.发动机机械结构组成、系统作用,部件安装位置; 2.发动机电控系统作用、组成、控制原理; 3.奇瑞A3发动机工作条件及起动控制过程; 4.发动机不能起动故障检测方法; 5.发动机故障检修注意事项

原因分析、制订计划—任务单　　　　　　　　　　　　表4-17

姓名:_____　专业班级:_____　学号:_____　日期:_____ 年___月___日　序号:

依据获取与故障有关的知识和信息——学生自行分析故障原因——制订维修计划
1.分析"发动机不能起动"故障原因;   2.制订维修计划

检测诊断—任务单　　　　　　　　　　　　　　　　表4-18

姓名:_____　专业班级:_____　学号:_____　日期:_____ 年___月___日　序号:

检测部位	工具、量具、仪器设备	检测过程记录(检测方法、测量数值)	结论

维修验证—任务单　　　　　　　　　　　　　　　　　　　　　　　　　　表 4-19

姓名：＿＿＿＿　专业班级：＿＿＿＿　学号：＿＿＿＿　日期：＿＿＿＿年＿＿月＿＿日　序号：

零部件维修、处理方法制订	装复检验过程记录	验证结论
零部件修理建议：	装复步骤：	
零部件选配：	检验维修质量：	

总结评价—任务单　　　　　　　　　　　　　　　　　　　　　　　　　　表 4-20

姓名：＿＿＿＿　专业班级：＿＿＿＿　学号：＿＿＿＿　日期：＿＿＿＿年＿＿月＿＿日　序号：

项目学习总结内容	
签名：　　　　年　　月　　日	
结果考核(教师完成)：	
考核依据	学习(检修)任务单
考核标准	参见课程考核方案
考核得分	签名：　　　　年　　月　　日

拓展学习—任务单　　　　　　　　　　　　　　　　　　　　　　　　　　表 4-21

姓名：＿＿＿＿　专业班级：＿＿＿＿　学号：＿＿＿＿　日期：＿＿＿＿年＿＿月＿＿日　序号：

知识、技能拓展
　1. 发动机不能起动：起动机带不动发动机转或能带动但转动缓慢；
　2. 起动机能带动发动机正常转动，但不能起动，没有任何的着火征兆，即无初始燃烧；
技术拓展
　学习发动机检修新技术，综合运用技术技能，对发动机不能起动的故障排除方法，提出改进建议。

　课后完成，上传到课程网站，利用网络教学平台、交流论坛、QQ 平台，共同讨论学习。为下一节课开展讲评，做好准备

4.5.6 案例教学法的应用分析

1)应注意的问题

(1)师资问题。

案例教学具有很强的实践性和针对性,不仅要求学生要有较强的适应能力,更重要的是要求老师要有较高的授课水平,对于习惯传统教学方法的老师来说深感到心有余而力不足。主要反映在:

①教师教学能力上的障碍,教师在案例教学中,一方面缺乏授课经验,另一方面缺乏实践经验,因而在教学力度和深度上都相对不足,远不能达到预期效果;

②教师思想认识上的障碍。案例教学虽然由来已远,但却有一部分教师思想比较僵化,传统教学的路径依赖性强,把案例教学方法局限于举例讲解,潜意识里总是有意无意地拒绝接受真正意义上的案例教学,学生感到毫无新意,教学效果不尽如人意。

(2)案例教材及素材。

①局限于知识点案例,缺乏综合案例;

②注重定性研究,定量分析;

③着重叙述说明,提供背景材料。案例教材都缺乏实用性和规范性,不符合现代汽车维修案例教学的需要,不利于提高教学质量,不被学生所喜爱,因而需要教师进行案例教材及素材库的建设。

(3)教学方法单一。

由于传统"填鸭式"教学的路径依赖和教学基础设施的薄弱,使得教师教学方法简单化。具体表现在:

①案例来源比较单一;

②教学形式的选择比较单一,出于学校基础条件的限制,教师一般采取案例讲解法,可以收到一定的学习效果,但因未与多媒体教学和案例讨论相结合,导致教学缺乏形象性、生动性和灵活性,使教学效果受到一定影响;

③偏重理论知识讲授,忽视与解决实际问题相结合。老师只重视理论概念的灌输,而忽视培养学生的实际操作能力和解决实际问题的能力,因而学生对案例教学的效果不太满意。

2)提高案例教学法效果的对策与措施

案例教学的形式是灵活多样的,方法是可不断创新的,可采用以下四种教学方法。

(1)多媒体教学。

现代教学的特点是图文并茂,形象生动。教师在教学中可选择有突出代表性的案例,让学生通过现代化教学网络观看并分析讨论。

(2)举例讲解教学。

教师应在上课前几天将案例材料发给学生,并要求学生认真做好预习,带着难以理解的问题进课堂听教师的案例讲解,做到教学有的放矢。

(3)案例讨论教学。

这种方法是把每次教学的时间分为前后两部分,前一部分教学讲解理论知识,为后面教学打下理论基础;后部分用于案例的分析和讨论,教师在课前将案例材料发给学生并做好课前准备,作为课堂进行案例讲座和课后教师检查作业、评定学生成绩的依据。在分析讨论过程中,教师的任务是调动学生参与讨论的积极性,可采用灵活多样的形式,加深学生对所学知识的理解和掌握。如有必要,教师可以在讨论结束时作概括性总结,使学生通过案例讨论掌握相应的专业技能知识。

(4)"四步推进"案例教学。

针对职业教育汽车专业教学实践性强的特征,可采取"以小型专题案例入手,激发兴趣""用中型互动案例讨论,活跃气氛""以综合描述案例分析,拓展思维""联系实际,开发案例,解决问题"的"四步推进"的案例教学形式,如图4-6所示。通过典型示范引导、逼真模拟训练的过程,拓展学生的思维和培养其创新精神,进一步提高学生思考问题和解决问题的能力。

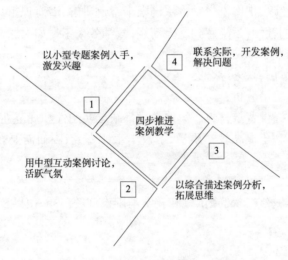

图4-6 "四步推进"案例教学示意图

4.6 实验教学法及应用案例

4.6.1 实验教学法的内涵

实验教学是学生学习过程中的重要环节,实验教学对于加深学生对课堂理论知识的认知、锻炼动手能力、培养自己的创新思维有着积极的作用。实验教学法是一个归纳认识方法的教学方案。它以一个技术或自然科学现象为出发点,在被监控和受限的条件下重现/模拟现象并对其进行分析。实验教学法,应该着重在实验过程中培养学生的"关键能力",是一种包含获取任务、解决策略、计划、实施、评价以及结论六个步骤的行为导向教学法,重在培养学生的个性,即独立性和创造性。

4.6.2 实验教学法的典型过程

实验的过程由以下阶段构成:

(1)观察一个现象(例如:发动机冷却液传感器电阻值随水杯内温度变化而发生变化;

发动机转速与输出转矩之间的关系等);

(2)根据一个假设提出问题(例如:发动机冷却液传感器的电阻值随水温升高而减小);

(3)实验的计划阶段,也就是说构建一个技术性的、遵照某些边界条件的系统(例如:测量发动机冷却液传感器所包含的水杯、热水、温度计、传感器、万用表等构成的实验系统);

(4)实施一个实验(观察、测量、记录、计算);

(5)产生一个结果,在考虑边界条件和测量精度后,验证或推翻初始的假设;

(6)在整个理论范围内的归纳;

(7)反思理论和应用可能性的结论(例如:发动机转速与输出扭矩的实验关系确定下来后,确定发动机外特性的数学模型描述)。

一个完整的实验教学法的过程如图4-7所示。

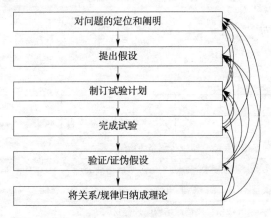

图4-7 实验教学法模式

4.6.3 实验教学法的具体描述

1)对问题的定位和阐述阶段

(1)切入阐述问题现象或由学生自己提出和阐明问题;

(2)由学生介绍实验目的、所需工具、条件和实验过程;

(3)研究结果表明,实验结果很大程度上取决于基础定位。

2)提出假设阶段

(1)分析问题现象,由此可能会让知识缺陷问题变得清晰明了;

(2)列出存在的问题;

(3)把期待的结果描述成准备检验的假设;

(4)如果思考下的最终状态的预期结果在行动的准备阶段出现,那么仅涉及一个行动。

3)制订实验计划阶段

(1)制订实验方案;

(2)应用哪些检测或试验方法能够对假设进行验证;

(3)计划工作步骤,解释并介绍试验装置,绘制结构草图。

4)实验完成阶段

(1)按照计划准备试验装置;

(2)完成实验并书写实验报告或者描述测量顺序。

5)验证阶段

(1)评估测量结果的目的是获取有质有量结论的保障;

(2)计算测量,确定测量顺序并绘制图表;

(3)口头论述结果;

(4)接着对照假设,目的是验证或者推翻假设。

6)将关系、规律归纳为理论

(1)将所获取的各种知识和关系归纳到更高一层的理论;

(2)获得的部分结论起到解释和说明规律的作用;

(3)实验的范例性将被转化为基本结论。

4.6.4 教学案例

1)教案(表4-22)

表4-22

课时	2学时	执行日期		班级	
类型	一体化			日期	
课题	燃油喷射系统——空气流量传感器的检测				
内容分析	在掌握发动机燃油喷射系统基本组成及原理的基础上,学习本节的内容。要求在掌握空气流量传感器的类型、组成、结构原理,并掌握信号检测的方法与技能				
教学目标	知识目标:空气流量传感器的结构原理与检测 能力目标:通过实验教学的方法,从多方面培养学生的分析判断能力、解决问题能力、交流协作能力、安全防护能力以及创新能力 情感目标:通过实验教学法的6个步骤,激发学生的好奇心和求知欲;通过小组实验,分析数据和得出结论,体验成功的喜悦,增强学生的自信心和成就感;通过优秀团队的评选,培养学生互助合作的团队精神				
教学场景设计	一体化教室布置,学生分组:每组6~8人				
教学方法设计	1.实验教学法 2.引导文教学法 3.头脑风暴法 4.归纳法		教学资源	1.一体化教室 2.电控发动机实验台 3.检测设备及工具	

2)教学案例呈现(表4-23)

表4-23

教学环节	教 学 内 容
1.观察一个现象	教师活动: (1)电控发动机实验台,教师引导学生指出空气流量计位置,然后起动发动机,引导学生观察这样一个现象:随着发动机负荷的增加,节气门开度增大,进气量增加,喷油量增加。 (2)引导问题:热线式空气流量传感器原理电路如下图所示。进气量与喷油量的关系;空气流量与传感器输出电压的关系?如何通过实验检测得出?

续上表

教学环节	教学内容
1. 观察一个现象	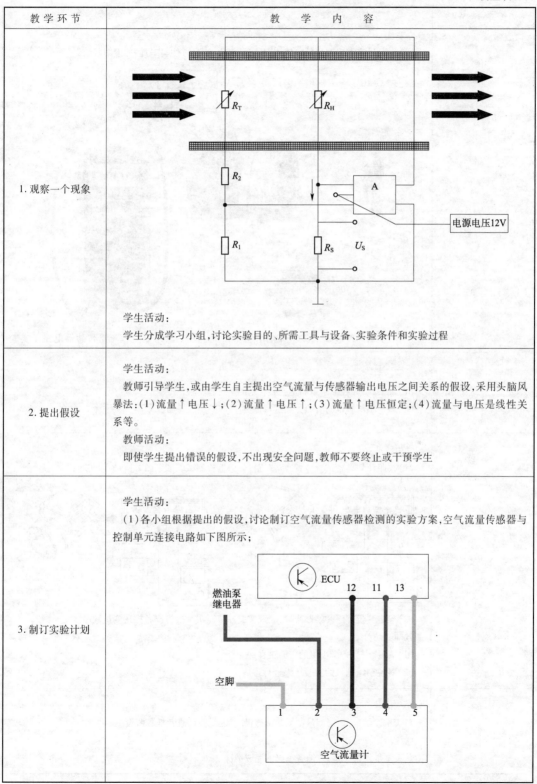 学生活动： 学生分成学习小组，讨论实验目的、所需工具与设备、实验条件和实验过程
2. 提出假设	学生活动： 教师引导学生，或由学生自主提出空气流量与传感器输出电压之间关系的假设，采用头脑风暴法：(1)流量↑电压↓；(2)流量↑电压↑；(3)流量↑电压恒定；(4)流量与电压是线性关系等。 教师活动： 即使学生提出错误的假设，不出现安全问题，教师不要终止或干预学生
3. 制订实验计划	学生活动： (1)各小组根据提出的假设，讨论制订空气流量传感器检测的实验方案，空气流量传感器与控制单元连接电路如下图所示；

续上表

教学环节	教学内容
3. 制订实验计划	(2)小组讨论需要测量的数值范围、测量部位、测量方法与工具,如下图所示; 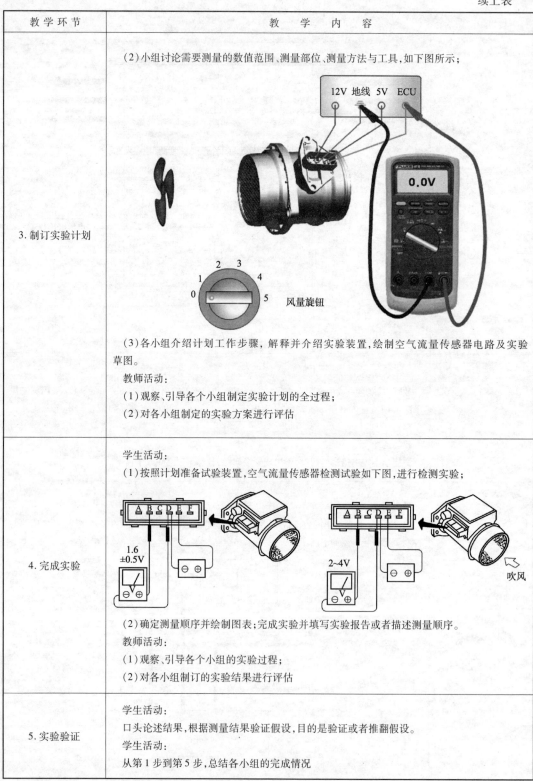 (3)各小组介绍计划工作步骤,解释并介绍实验装置,绘制空气流量传感器电路及实验草图。 教师活动: (1)观察、引导各个小组制定实验计划的全过程; (2)对各小组制定的实验方案进行评估
4. 完成实验	学生活动: (1)按照计划准备试验装置,空气流量传感器检测试验如下图,进行检测实验; (2)确定测量顺序并绘制图表;完成实验并填写实验报告或者描述测量顺序。 教师活动: (1)观察、引导各个小组的实验过程; (2)对各小组制订的实验结果进行评估
5. 实验验证	学生活动: 口头论述结果,根据测量结果验证假设,目的是验证或者推翻假设。 学生活动: 从第1步到第5步,总结各小组的完成情况

续上表

教学环节	教 学 内 容
6.将关系、规律归纳为理论	学生活动： 根据实验测量的数据，引导学生归纳出进气质量与加热电流、进气质量与传感器输出电压之间的规律，并总结一般性规律

3）工作页（表4-24）

表4-24

1. 结合惠斯顿电桥电路图，说明空气流量传感器电压信号产生的原理。
   惠斯顿电桥电路图？

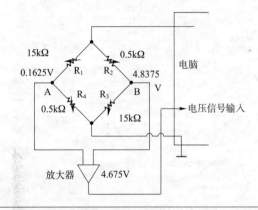

　　　　　　　　　　　　　　　　　　　　　　　　　　　　　　　　　　　　　　　；
　　　　　　　　　　　　　　　　　　　　　　　　　　　　　　　　　　　　　　　；
　　　　　　　　　　　　　　　　　　　　　　　　　　　　　　　　　　　　　　　。

2. 进行一汽大众宝来轿车发动机部分负荷特性进气流量实验，填写实验表格。

进气流量(g/s)									
点火提前角(°)									
喷油脉宽(ms)									

3. 通过示波器检测热模式空气流量传感器波形图所示，分析其输出信号电压的特点。

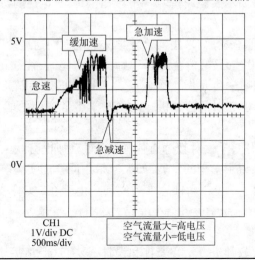

· 111 ·

续上表

示波器测量得到的空气流量传感器信号波形
(1)输出信号电压随进气流量的增大而_____；
(2)输出信号电压范围是从急速时_____变至节气门全开时_____；
(3)急减速时信号电压应比急速时的电压_____,原因是_____；
(4)通过实验数据及波形,验证提出假设的真/伪_____。
4. 通过实验,绘制空气流量与传感器输出电压的关系曲线,归纳出进气质量与加热电流、进气质量与传感器输出电压之间的规律；通过实验,理解并讨论下面的公式。

$$H = I^2 R_H$$

$$Q_M = n \sqrt{\left(\frac{R_H K_T}{T_H - T_G}\right) \times I^2}$$

[图：输出电压V 与 空气流量g/s 的关系坐标轴]

4.6.5　实验教学法的应用分析

(1)当教学内容的主题与重点是实验规律或通过实验来验证有关数学模型时,适合采取实验教学法,使学生成为学习的主体。如果采用传统的教师讲、学生听的方式会很枯燥乏味,且这些规律也不易记住。而采用实验教学法,一方面充分调动了学生的学习主动性,极大地激发了他们的学习兴趣;另一方面让他们自己通过实验得出规律,很容易就记住了。

(2)教学内容中含有演示实验,有些实验教师演示具有定性的特点,如果改为学生做,可以达到定量的效果,实验效果好。

(3)学生怕动手、不愿意动手,采用实验教学法迫使他们通过动手去学习知识,很大程度上提高了他们的动手能力。另外,传统方法教师演示实验时,往往尽量撇开次要现象,引导学生观察主要现象,而现在学生每做一个实验都可以同时看到许多现象,促使他们不断思考。在实验中遇到问题,也必须自己分析、解决它,学生各方面的能力在一次次的实验中得到提高。

(4)过去的教学过程中,学生对教师有依赖性,而教师也喜欢给学生一些"启示",而有时候,正是这些"启示"束缚了学生的发展,如大家采用同样的实验电路,同样的实验方法,得到大致相同的答案,不利于学生创新性思维的发展。由于在"实验教学"中每进行一个项目的教学,总安排一定时间,组织学生进行小组或大组讨论,交流学习心得,这样可以更好地活跃和开发学生创造性思维。

(5)实验教学法需要教师进行精心安排和设计,该方法既适用于整章内容的系统学习,又适用于某一节的学习,主要根据教材特点和学生原有的基础来确定。

4.7 角色扮演教学法及应用案例

4.7.1 角色扮演教学法的内涵

角色扮演是指让学生尝试着承担一个预先设定好的工作任务(角色),并实施完成这项任务(角色),学生要在规定(表演)时间内与其他角色(扮演着)进行协同工作,承担起按时按量完成工作任务的责任。

角色扮演教学中两个或多个演员进行表演,相互间或者分工合作或者对立竞争系统化的角色互换加深和扩展学生对职业过程的理解。角色扮演要求学生积极行动,促进个人经验积累。

上述目标通过在某个工作任务明确定义的情境中,独立执行所有行动,在体验分工合作的工作过程中,角色间协同工作、共同发挥作用,以及与其他角色扮演者进行交流等实现。

在各种教学法的分类中,角色扮演被归类为"情境领域教学方法"的一种,以某种任务的完成为主要重点目标,在设定一个教学目标后,让学生不论是亲身体验或是从旁观察,都务必将注意力专注于活动的进行过程上,让学生在课程中,借着自身经历的过程来学习并获得知识。角色扮演可以使学生对问题有更深入的认识,对不同角色的特质有新的体会,进而培养出同理心。

角色扮演法促进学生专业能力、行动能力和社会能力的锻炼与培养。

4.7.2 角色扮演教学法的优缺点

1) 优点

(1) 经验学习与小组工作相结合。
(2) 实践化的工作内容和工作形式(包括时间压力)。
(3) 在矛盾冲突情境中做出决策。
(4) 学生具有较大的自主学习空间。
(5) 承担工作责任。
(6) 角色交换拓展知识和经验。
(7) 理解工作过程中复杂的内在联系、相互依赖性、作用和影响(工作过程理解)。

2) 缺点

(1) 准备工作繁重,对时间和资源要求较高,例如:角色任务的描述、工作岗位的设置、学习材料的制作和准备。
(2) 角色交换和评价过程(讨论)的实施需要较长的整段时间。
(3) 角色扮演过程中教师必须是指导者、主持人的角色。
(4) 对单个学生进行成绩评价很难进行。

4.7.3 角色扮演教学法的教学功能

(1) 刺激讨论的进行:提供共同的讨论基础,让大家聚焦在同一个议题上。

(2)社会技巧的训练:可学习具体的技巧,如求职面试、人际互动表达。

(3)价值观念的澄清:不同的角色代表不同的想法,以及不同的价值观,学生从中感受多元价值的存在。

(4)问题解决的学习:具体发展可行的技巧与态度,有助于现实生活问题解决,即活化与现实化。

(5)情绪压力的缓解:有时候问题的困境在于情绪的阻塞与抗拒,角色扮演可以让学生安全的释放情绪。

(6)了解包容的体会:发展对于各种角色的情感、情绪与动机的了解,真正进入一个角色的思维中,透过体验产生对人的包容与了解。

(7)沟通能力的训练:借由讨论扩展自己的思维,培养表达自己的意见以及与别人沟通、分享的能力。

4.7.4 角色扮演教学法的实施流程

角色扮演教学法的流程如图 4-8 所示。

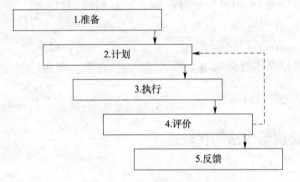

图 4-8 角色扮演教学法的实施流程

1)准备阶段

在准备阶段,学生要熟悉以下内容:

①整体过程;

②工作任务(参与角色);

③角色扮演目标(学习目标);

④学习材料;

⑤工作手段;

⑥必要时进行文献研究;

⑦解释理解性问题。

在准备阶段,教师需要做的工作:

①确定学习目标和学习领域;

②阐明角色扮演类型,合作式或对立式;

③每个角色的扮演者人数;

④对整体过程进行安排和分配;

⑤工作岗位(角色)数;

⑥目标、工作内容和工作岗位的界定；
⑦描述扮演情境,整体过程（输入/输出）、过程目标、工作岗位和相互间联系；
⑧描述组织情况和扮演流程,工作岗位分配数、时间计划、角色交换、中期评价、加入改善意见的角色扮演安排；
⑨工作岗位(角色)描述,工作任务和质量目标、输入和输出、工作活动和决策、记录。

2）计划阶段
①工作任务(角色)分配；
②所承担的角色和角色扮演目标的内容；
③确定行动、过程、行动自由度和目标实现途径；
设置工作岗位,必要时确定初始状态。

3）执行阶段
①按照需求、任务和质量要求进行具体实施,并进行必要决策；
②记录事件、行动、决策和结果；
③角色进行系统化变换(如果是角色扮演的必要阶段)时需暂停扮演过程。

4）评价阶段
①基于扮演过程进行与工作岗位相关的内容评价；
②针对角色扮演结果、观察到的不足、障碍、等待事件、缺工事件、质量和组织问题等进行集体讨论；
③进行整体性原因分析、构思改善意见；
④集体确定下次角色扮演中加入改善意见。

5）反馈
个人学习收获反馈,学习收获主要包括工作任务、工作内容、职业活动、决策、困难、时间要求、工作过程认识等。

4.7.5　新车销售之店内接待角色扮演教学法案例

1）教学组织与教学分析
(1)教学目的与要求。
①知识目标。
理解店内接待的目的；掌握店内接待的流程；掌握店内接待的关键时刻和行为指导。
②技能目标。
能运用所掌握到的店内接待流程和方法,熟练地接待客户；提高在接待工作中的解决实际问题的能力。
③态度目标。
培养顾客至上的观念；提高礼节礼貌素养；培养团队合作意识；培养为客户提供针对性服务的职业素质。
(2)教学重点。
①店内接待的目的；
②店内接待的流程；

③店内接待的关键时刻和行为指导。

(3)教学难点:店内接待的关键时刻和行为指导。

(4)教学方法:采用角色扮演教学法、模拟教学法。

(5)教学场景:模拟汽车4S店展厅布置的教室。

(6)教学资源。

①实物:汽车商务实训教室、展车、教材、多媒体教学设备、汽车店内接待实操评分表、任务书、销售话术、汽车产品宣传资料、名片、水杯、客户信息资料及参考资料等。

②多媒体资料:PPT、汽车营销情景仿真实训教学系统。

2)教学内容与过程设计(表4-25)

表4-25

教学步骤		教学内容及过程设计	教学方法	时间
介绍课题		组织教学 介绍课题和教学内容:店内接待; 介绍主要学习的目的:明确店内接待的目的,掌握店内接待的流程和店内接待的关键时刻及行为指导	讲授法	2min
资讯获取一: 视频纠错	纠错内容	分发资料,将学生以4人为单位进行分组,每组分别按所发资料的要求分析和记录在将要播放的视频中看到的销售顾问的表现。(要求:第一组主要对男销售顾问的仪容仪表进行纠错;第二组主要对女销售顾问的仪容仪表进行纠错;第三组主要对销售接待的过程进行纠错)	任务 教学法	2min
	播放视频	播放并投影关于男销售顾客、女销售顾客以及销售接待时的3段错误视频	教学 演示法	4min
	纠错分析	学生分组讨论 各组代表发言,表明各组观点 (通过发言,了解学生的感知程度)	课堂分 组讨论法	12min
		播放纠错视频。教师点评:主要说明以下几点 1.对各组发言进行总结点评。 2.综述店内接待的目的。 3.引出店内接待的流程。 (本次总结要起到承上启下的作用)	教学 演示法	7min
资讯获取二: 自主学习	自主学习	让学生各自利用教材、软件系统进行店内接待流程的自主学习	教学 演示法	10min
	学生演示	请个别学生代表在教师机上演示基本流程	教学 演示法	2min
	教师点评	利用软件系统播放销售接待的基本过程,并进行教师点评:通过对店内接待的流程的学习,使学生能进一步地熟悉接待过程。同时设计问题引出下一任务情景	教学 演示法	3min

续上表

教 学 步 骤		教学内容及过程设计	教学方法	时 间
任务布置：情景模拟	任务展示	二位男士第一次来展厅看车，其中一位男士看似55岁左右，另外1位比较年轻。你是他们的销售顾问，请完成情境中的接待工作。（各组分别按要求演示） 各组侧重点不同 第一组：客户需要自行参观车辆 第二组：客户需要帮助时 第三组：展厅应对，客户来访人但被访人不在的情况 通过学生对情景的讨论，演示和亲身体验，使学生能运用已掌握的店内接待流程和方法，熟练地接待客户。同时对店内接待的关键时刻和行为指导能够深刻理解，真正领悟到面对不同的对象应该采取什么样的方式来进行接待，以及一些相关注意事项和要领。进一步提高在接待工作中的解决实际问题的能力	任务教学法	12min
	决策计划	1. 利用各种参考资料学习手册（教材、分发的资料工单等）根据任务书的要求来自主学习。 2. 分组讨论和角色的分配。 提供的教学资源：每组一份任务书和评分表，每人一份参考资料与工具（销售话术、客户资料卡、名片、笔、讲义夹、汽车产品宣传资料、水杯等）、学生手册、任务工单 通过利用各种资料的自主学习，使学生进一步熟练店内接待的流程，懂得"做什么""怎么做"，进而培养顾客至上的观念，提高礼貌素养和综合职业素质	课堂分组讨论法	
	任务实施	1. 分组讨论。 2. 情景演示：各组分别按任务书的要求演示自己组的情景。 通过分组模拟演练的形式，充分发挥学生的学习主体地位，进一步激发学生的学习兴趣，使学生学得深、学得活、学得有趣，有效地将店内接待知识转换为销售接待技能	角色扮演法	15min
	检查评估	自评和互评： 1. 各小组均作为评委组，根据任务书上的评分标准对每组的演示情况进行评分。 2. 教师查收评分表，将评委组的打分，按一定比例列入学生的平时成绩。 3. 各组选代表发言进行自评与互评。 汽车店内接待实操评分表 评分组： | 评分标准	满分	得分	扣分理由
---	---	---	---
仪容仪表	20		
语言表述能力	20		
接待方式	20		
应对处理能力	20		
获取资料	10		
送客技巧	10		
总分			| （通过评委组的书面与代表发言评议检查学习效果）	课堂分组讨论法	14min

续上表

教学步骤		教学内容及过程设计	教学方法	时间
任务布置：情景模拟	检查评估	教师点评：教师结合软件对各组学生的表现与展示进行评议，给予一定的表扬同时分别指出不足之处。加深学生的直观感受，强化所学知识。达到促进学生对学习过程的反思的目的	仿真演示教学法	4min
小结思考	课堂小结	教师对本课题知识点和基本操作点进行小结	讲授法	2min
	课后思考	情景设计：某天某4S店，来了一位残疾人顾客（不能讲话），他想了解店内的其中一款车。你作为销售顾问，该如何运用所学到的店内接待的知识来接待这位顾客，请大家思考	讲授法	1min

3）教学过程实施（表4-26）

表4-26

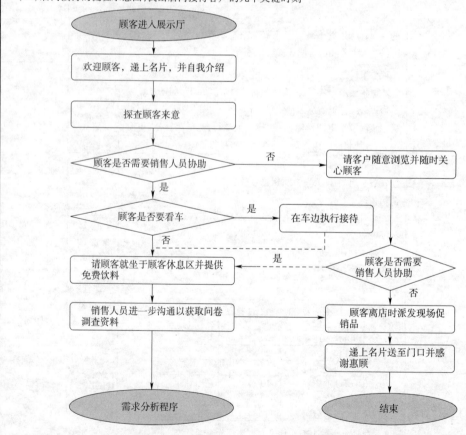

(一)店内接待的目的
1. 让顾客立刻感觉到"顾客第一"的服务理念。
2. 让顾客感觉到舒适以及企业的热情，消除顾客的疑虑。
3. 建立顾客的信心，以利于销售活动的顺利开展。
4. 让顾客能在展厅逗留更长时间，而且能再次惠顾。

(二)店内接待的流程示意图，找出店内接待客户的几个关键时刻

4) 工作页(表4-27)

表4-27

任务名称	新车销售之店内接待	学时	2	班级	
学生姓名		学生学号		任务成绩	
实训所需资料	任务书、学习手册、评分表客户资料卡、名片、笔、讲义夹、汽车产品宣传资料、水杯、展车、仿真软件等	实训场地	汽车商务实训室	日期	
任务	二位男士第一次来展厅看车,其中一位男士看似55岁左右,另外1位比较年轻。作为销售顾问,请完成情境中的接待工作。(各组分别按要求演示)				
任务目的	请制订任务计划,合理分配各种角色,按照要求进行情境演示				

一、资讯

1. 着工作服的忌讳有哪些?

2. 男士发型有何要求?

3. 女士面部需要注意什么?

4. 销售顾问言谈举止中要热情三到,它是指?

5. 画出店内接待的流程图?

6. 店内接待按照客户所处位置的转换有几个关键点?分别是什么?

二、决策与计划
请根据任务要求,确定所需要的物品、工具,并对小组成员进行合理分工,自行设计准备各种话术

1. 需要的物品、工具

2. 小组成员角色分配

3. 话术准备

三、实施(情境演示)
(一) 各组侧重点不同
第一组:客户需要自行参观车辆时;
第二组:客户需要帮助时;
第三组:展厅应对,客户来访但被访人不在的情况。
(二) 演示结束后填写"来店(电)客户登记表"
四、检查和评估
1. 请根据自己任务完成的情况,对自己的工作进行自我评估,并提出改进意见

续上表

汽车店内接待实操评分表			
评分标准	满　分	得　分	扣分理由
仪容仪表	20		
语言表述能力	20		
接待方式	20		
应对处理方式	20		
获取资料	10		
送客技巧	10		
总分			

2. 欣赏其他组的演示后进行组与组的互相评价，提出改进意见。
3. 请记录下教师对你组完成任务情况的点评意见

4.7.6　角色扮演教学法的应用分析

1）角色扮演教学法应用范围

（1）进行手工操作，例如：根据给定装配图（工作任务提示）进行模型安装、对模型安装质量进行检验和结果记录。

（2）关于购买（数量、时间、成本）相关问题的商业决策，如汽车营销知识的学习。

（3）资源分配：工作任务的人员和设备安排，如汽车维修接待、故障车辆接待知识的学习。

（4）合作式角色扮演。

角色扮演分为合作式角色扮演与对立式角色扮演，根据专业特点，汽车专业应当运用合作式角色扮演的教学法。

①汽车及零部件产品的制造及维修。

角色：例如汽车零部件、原材料供应、制造流程、汽车装配步骤、维修质量控制。

②汽车营销。

角色：例如接受任务和分配任务、商品代销、零部件检验和包装、车辆运输发送。

③业务流程处理过程。

角色：例如销售、制造计划、原材料和外购件的获取、汽车零部件物流过程中的仓储管理。

④看板管理组织的产品供应。

角色：例如制造和装配、超市仓储、挑选包含容器更换的循环供货方式。

⑤模拟汽车4S店运营与管理。

角色：汽车4S店中具备特定功能的组织和部门，例如销售部门、配件供应、维修车间等。

2）角色扮演注意事项

（1）演出时间要充裕：要有完整的时间来进行，若无法充分让演出获得讨论，则效果将大打折扣，毕竟这和普通的戏剧演出纯为娱乐很不相同。

（2）避免个人的隐私：使用角色扮演应避免个人隐私暴露在团体中，或陈设关系个人隐私的情境。另外在角色选派时尤需注意同学的推荐是否有特殊的嘲讽或寓意,以免让演出者感受到不安或困窘。

(3)适时引导与思考:在表演遇到僵局或表达出观点与思想时,正是角色扮演的精华所在,此时宜多做鼓励与引导。而扮演情境中的停顿处或抗拒演出不同的版本,也是应讨论的焦点之一。

(4)引导思考的深度:老师虽然不引导学生的演出内容,但是必需主导整个课程,需同时注意台上及台下的状况。尤其是时间的拿捏与讨论的深度、广度,千万不要将演出与讨论分离,以免丧失教学效果。

透过角色扮演,其自身的角色以揣摩当时可能之真实状况,使将来遇到类似问题或状况时,能因为受过这类训练,而能迅速做出反应,以使任务、工作能顺利进行,对问题也可顺利解决。现在汽车服务行业使用角色扮演法来培训其相关人员,而且仍持续使用并发展出完整的训练课程与系统来加以训练。

4.8 模拟教学法及应用案例

4.8.1 模拟教学法的内涵

模拟指的是按照时间发展顺序,在模型的辅助下,按照事情发展的逻辑顺序及其依存关系和相互作用来复制事件流程(过程),采用仿真模型(模拟器)来取代真实(原型)。它们被有目的的简化,并按照时间发展顺序,塑造出原型的基本特征和功能关系。通过模拟器,可以让时间连续或者分阶段步骤,按照实时速度,加快(抓快)或者变慢(采用慢镜头)。时间的控制可以由学生独立手动(逐步进行)或者模拟器自动(按照输入的数据)来进行。

使用的模拟器可以是:

(1)真实物质的功能模型。

与原型一致的,例如按1:1比例的飞机模拟器,汽车驾驶模拟器;缩小版的,例如铁轨模型,机器人模型。

(2)抽象的功能模型。

软件模型,例如表格计算,控制程序的监测系统,模块导向的物流模拟器等。模拟教学法是一种以教学手段和教学环境为目标导向的行为引导型教学模式。

模拟教学分为模拟设备教学与模拟情境教学两大类:

(1)模拟设备教学主要是靠模拟设备作为教学的支撑,其特点是不怕学生因操作失误而产生不良的后果,一旦失误可重新来,而且还可以进行单项技能训练,学生在模拟训练中能通过自身反馈感悟正确的要领并及时改正。

(2)模拟情境教学主要是根据专业学习要求,模拟一个社会场景,在这些场景中具有与实际相同的功能,及工作过程,只是活动是模拟的。通过这种教学让学生在一个现实的社会环境氛围中对自己未来的职业岗位有一个比较具体的、综合性的全面理解,特别是一些属于行业特有的规范,可以得到深化和强化,有利于学生职业素质的全面提高。

使用模拟法,学生面对着一个贴近实际情况,动态变化的问题,能够积极主动,自己组织安排以下行为：

①掌握并训练技能；

②尝试应用知识，做出决策，解决问题，并且在时间压力下进行工作；

③搜集经验以及有目标的进行实验。

4.8.2 模拟教学法的优缺点

1）模拟教学法的优点

(1)可以模仿复制出危险昂贵复杂的情景，来达到学习，测试和实验的目的。

(2)可以组织安排个人独立工作和团队合作。

(3)可以通过观察和实验来加深对动力系统和加工过程中复杂的相互作用的理解。

(4)支持个人对所做决定和采取的结局方案在短期和长期内的功效进行自我检查。

(5)可以检测个人能力和技能。

(6)可以实现个人探究性的学习。

(7)一个模拟器可用于多种不同的学习目标和问题情境。

2）模拟教学法的缺点

(1)必须拥有仿真模型（模拟器），并且该设备可供教学使用。

(2)模拟器的研发与制造成本很高，需要时间和资源。

(3)关于学生个体进行搜寻，修改和实验策略的咨询，要求对可能出现的错误和学生必须清楚阐明的因果关系进行大量讨论。

4.8.3 模拟教学法的实施流程

模拟教学法的流程如图4-9所示。

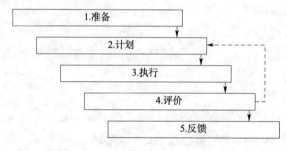

图4-9 模拟教学法的实施流程

1）准备阶段

在准备阶段，学生要熟悉以下内容：

①现实的问题，解决问题所需的知识和提出的问题；

②真实系统的功能模型；

③观察和测量目标；

④学习材料；

⑤工作手段；

⑥必要时进行文献研究；

⑦在准备阶段,教师需要做的工作:
⑧确定学习目标和学习领域;
⑨解释模拟教学法应用的类型,演示、训练、功能测试获知模拟实验;
⑩开发学习材料;
⑪开发真实系统的功能模型;
⑫描述仿真模型的工作原理和模拟器的使用。

2)计划阶段

在计划阶段,学生要做的工作:
①对预计取得的结果、相关联系及发展提出假设;
②对模拟实验和运行做出计划;
③深入分析实验,如输入值、初始条件、边界条件和测试条件。

3)执行阶段

学生:
①设置初始条件;
②观察并记录模拟运行;
③执行必要的行动,作决策;
④保存模拟结果和模拟流程的信息。

教师:
①检查学生在学习中掌握的知识;
②指导学生独立操作模拟器;
③回答出现的问题,必要时提供帮助;
④观察工作进程;
⑤搜集反复出现的问题和需要进一步完善的条件。

4)评价阶段

学生:
评价收集到的信息,对结果进行提取、总结和介绍;小组内互相比较实验的结果;得出结论将结果存档;汇报结果。

教师:
对操作方法进行介绍;提问;组织其他小组同学进行提问及互相演示。

5)反馈

学生评价在以下两个方面:
将结果与开始提出的假设进行比较;对个人知识增长进行反思。
教师评价在以下两个方面:
预计出现或者意料之外的结果;对于学生的成绩和工作方法。

4.8.4 模拟教学法案例

1)教学组织与教学分析

下面以《汽车安全与舒适系统》课程"ESP系统"为例,介绍模拟教学法的教学组织与教学分析，如表 4-28 所示。

表 4-28

\	
1. 教学目的与要求	
汽车转向特性是教学难点，实车实验对场地、设备、人员要求高；同时车辆转向特性又是掌握 ESP 系统工作原理及工作过程的重点。采用模拟教学法适合演示、验证性实验，可以较好地解决汽车转向特性的教学问题，为对汽车 ESP 系统地掌握提供了帮助。本项目教学综合采用模拟教学法、项目教学法等教学方法。	
（1）掌握车辆的转向特性及操纵稳定性基础知识。	
（2）掌握汽车电子稳定控制系统 ESP 的组成及工作原理。	
2. 安全与环保教育	
使用驾驶模拟器，要按照规定的操作程序进行。	
3. 教学方法	
采用项目教学法、模拟教学法等教学方法。	
4. 教学资源	
驾驶模拟器 1 台；	
汽车整车 1 辆；	
多媒体教学设备；	
汽车 ESP 实验台。	
5. 教学步骤与方式	

项 目	学时分配	教 学 内 容
课前准备	课余	预习教材、查阅资料
教师讲授	1 学时	重点讲授汽车转向特性、操纵稳定性基础知识
模拟器汽车转向特性的模拟实验及 ESP 结构原理实验	2 学时	运用驾驶模拟器，进行汽车转向特性实验（单移线、双移线、圆周实验）；从而更好地理解 ESP 的工作工况；掌握 ESP 系统结构原理

6. 学习评价

分值	行 为 表 现 描 述
优	能圆满、高效地完成此项学习任务的全部内容
良	能完成此项学习任务的全部内容，并不需要任何指导
中	能完成此项学习任务的全部内容，但偶尔需要帮助和指导
及	能完成此项学习任务的部分内容，但在现场的指导下，能完成任务

2）教学案例呈现（表 4-29）

表 4-29

教学环节	教 学 内 容
1. 准备阶段	学生活动： 小组同学了解汽车驾驶模拟器的基本原理，实验工况、数据输入、输出格式，数据存储及分析等内容；了解汽车 ESP 的优点及工况；观察车辆失稳的现象（动画或事故视频录像、碰撞录像）。 教师活动： 确定学习目标和学习领域，对整体过程进行安排和分配、计划和组织模拟过程、设计工作手段、设计学习材料等大量的工作

续上表

教学环节	教学内容
2. 计划阶段	学生活动： 对汽车转向特性与操纵稳定性的关系，提出假设； 对不足转向、过多转向时，ESP系统工作状态提出假设； 驾驶模拟器实验方案设计，包括单移线、双移线、圆周实验等； 模拟器功能、结构及操作界面的熟悉； 实验参数选择，如场景、车辆、道路等。 教师活动： 对学生的计划进行帮助及引导
3. 执行阶段（完成实验）	各小组根据提出的假设，及制定的实验方案，在驾驶模拟器上进行汽车转向特性实验； 分析实验结果； 在ESP实验台上，掌握其工作过程； 验证提出的假设
4. 评价阶段	根据每一阶段的评估重点，对各个环节进行评价；汽车模拟仿真结果的数据输出及绘图；车辆转向特性的评价；汽车ESP系统工作原理的掌握程度等进行集体讨论
5. 反馈阶段	个人学习收获反馈，学习收获主要包括工作任务、工作内容、职业活动、决策、困难、时间要求、工作过程认识等

3）工作页（表4-30）

表4-30

1. 由稳定性因数分析汽车转向特性
稳定性因数公示如下：

$$K = \frac{m}{L^2}\left(\frac{a}{k_2} - \frac{b}{k_1}\right)$$

分析 $K>0$，_____；$K<0$，_____；$K=0$，_____。
并绘图表示汽车转向特性。

2. 写出汽车转向特性的测量方法
(1) 实车测试，需要的仪器设备及实验方法：
(2) 驾驶模拟器模拟实验方法：
3. 驾驶模拟器的操作界面及组成
模拟器主体为实车或驾驶室或半封闭式设计的座舱，内部采用完全与实车相同的布置结构，部件的安装位置与原车相同。仪表板、仪表、转向盘及组件、转向杆、离合器踏板、制动踏板、加速踏板、手制动操纵装置、汽车座椅、变速器操纵机构等都采用了原车配件。其操作界面如下图所示，回答其系统构成。

续上表

(1)模拟汽车驾驶室：_____；
(2)视景模拟系统：_____；
(3)实时控制与运算系统：_____；
(4)声响模拟系统：_____；
(5)触感模拟系统：_____。

4. 汽车转向特性的虚拟实验工况

写出模拟转向特性实验的实验工况，并分析实验结果。

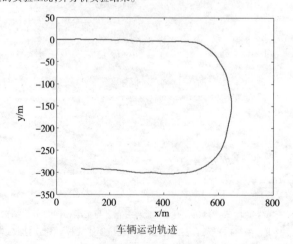

车辆运动轨迹

实验分析：_____。

续上表

5. 写出汽车 ESP 系统的典型工作工况

6. 根据汽车转向特性,分析 ESP 工作原理

汽车转向特性与 ESP 工作原理示意图

不足转向时,ESP _____;

过多转向时,ESP _____。

续上表

7. 描述 ESP 系统工作过程

根据 ESP 系统避险工况模拟示意图所示,按步骤分析其工作过程,填写下表。

工作过程	车辆转向	行驶状态	受制动车轮	目　　的
第一阶段	制动/向左	不足转向		
第二阶段	向右	不足转向		
第三阶段	向左	过度转向		
第四阶段	中间	稳定		

8. ESP 系统组成

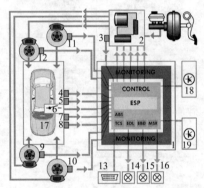

1 ＿＿＿＿；2 ＿＿＿＿；3 ＿＿＿＿；4 ＿＿＿＿；5 ＿＿＿＿；6 ＿＿＿＿；7 ＿＿＿＿；
8 ＿＿＿＿；9 ＿＿＿＿；10 ＿＿＿＿；11 ＿＿＿＿；12 ＿＿＿＿；13 ＿＿＿＿；14 ＿＿＿＿；
15 ＿＿＿＿；16 ＿＿＿＿；17 ＿＿＿＿；18 ＿＿＿＿；19 ＿＿＿＿。

9. ESP 传感器安装位置

写出 ESP 系统传感器的安装位置。

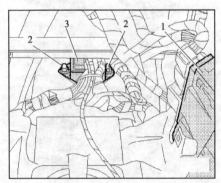

1 ＿＿＿＿＿＿＿＿＿＿＿＿＿＿＿＿＿＿＿＿＿＿＿＿＿＿＿＿＿＿＿＿＿＿＿＿＿＿；
2 ＿＿＿＿＿＿＿＿＿＿＿＿＿＿＿＿＿＿＿＿＿＿＿＿＿＿＿＿＿＿＿＿＿＿＿＿＿＿；
3 ＿＿＿＿＿＿＿＿＿＿＿＿＿＿＿＿＿＿＿＿＿＿＿＿＿＿＿＿＿＿＿＿＿＿＿＿＿＿。

汽车专业在职业教育教学过程中不会拘泥于某一特定方法,实际教学是多种教学方法的综合应用。

4.9 课堂教学评价

课堂教学评价是对教师的课堂教学所进行的评价,主要是对教师课堂教学的行为及其效果所进行的价值判断。广义的课堂教学评价通常有过程和结果、教师和学生两个方面的维度。

4.9.1 教师课堂教学评价

对教师的课堂教学进行评价通常有三种方式:一是对教学过程进行评价,这种评价主要是对教学过程的构成要素,如教师、学生、教学方法和教学环境等进行评价;二是对学生活动进行评价,这种评价则是以学生的心理发展为评价中心,要求对学生在课堂教学中是否得到了认知、情感、动作技能等的发展和进步进行评价,它以学生在课堂上的行为表现作为基础;三是对教学效果进行评价,它往往是在教学结束之后对学生的进步所进行的评价。

量表评价则是采用事先编制好的评价量表,由教师和学生根据他们对教学过程和效果的主观印象进行回答。这种评价方法的关键是评价量表的编制,它有时也被称为问卷评价法。问卷评价是目前进行课堂教学评价最主要的方式,也是实践中应用最广泛的一种方式。每个学校会按照自己的实际情况拟定本校的考核指标。

4.9.2 课堂教学评价标准

1)看教学思想和教学改革实践

教学思想直接决定着课堂教学的质量和方向。教师在课堂里的一切活动,都是教学思想和教学思路的具体表现。总的说,看教学思想就是要看教师是否做到"四全",即全面贯彻教育方针,全面贯彻教学大纲(课标),全面掌握教材,面向全体学生。

听课、评课,对教师教学思想和教学改革实践的把握,主要从以下四个角度着手:

①教书和育人(情感、态度、价值观)的关系是否注意摆正;
②教和学的关系(平等、和谐、互动)是否妥善安排;
③知识和能力的关系(过程与方法)是否切实处理;
④课内与课外的关系(学习、实践、创造)是否有机联系。

2)看教学素养

教学素养是影响教学效果的一个重要因素。具体地说,就是要看教风、教态、教学基本功。

听课、评课,对教师教学素养的把握,要重视教风,体现"严谨灵活"的原则。可从以下四个方面考察:

①考察教师的教学常规意识及其执行情况(包括复问、作业);
②考察教师观察、分析、判断、概括、评价的准确性;
③考察教师的听、说、读、写、激疑、演练、操作的基本功;
④考察教师教育、教学机制的运用,教学组织的灵活性和教学反应的机敏程度。

3）看教学目的、要求

教学目的、要求是《大纲》或《课程标准》要求在一堂课中的具体体现,教学目的、要求是否恰当,是否明确,在很大程度上决定着一堂课的质量和效益。

对该堂课教学目的性的把握可从以下方面着手：

①考察它是否符合大纲或课程标准的阶段性教学目标和促进学生可持续发展及终身发展的长远目标；

②考察它是否体现了有关教材教学的基本要求和因材施教的基本原则,并适合全体学生的接受水平,使各类学生均学有所得；

③考察它除了能揭示有关教材各知识点的内在联系外,是否还兼顾了学生对相应知识点的认知或操作能力的形成；

④它是否有助于学生学习能力的提高,有利于学生实践能力或创新能力的形成。

应该注意的是,教学目的及要求的明确性,不仅应体现在教师是否有目的性揭示,更重要的是体现在课堂教学实施过程中落点的选择和到位程度。

4）看教学内容

课堂教学的基本任务之一,就在于通过适当的组织方法和手段,激发和调动每一位学生的学习自觉性和主观能动性,进而正确地掌握教学大纲、教材所规定的内容并运用于实际。老师要在学生接受知识的过程中培养学生的能力,发展智力,以及有机地结合进行思想品德,审美修养及科学精神、科学品质方面的教育。

听课、评课时对教学内容的考察要把握准"两个系统",即该课教学所描述的有关知识系统和全班各类学生对该知识系统所形成的认知或操作系统,注意学科知识的科学性、学科问题的思维性以及它与生产生活的联系。

①从两个系统的起始状态和终结状态之间的差异看课堂教学容量是否适度；

②从教材所描述的知识系统与课堂教学实际描述的知识系统的同化程度看课堂知识的传授是否科学、严密；

③从两个系统由起始状态向终结状态演进的过程看重点的选择是否恰当,难点的突破是否有力、有效；

④从学生对相关知识的认知水平结构和操作水平结构看课堂教学的后效,学生举一反三能力的培养。

5）看教学结构和教学方法

课堂教学结构和教学方法是课堂教学思路的凝固形式,反映教师逻辑思维是否清晰、有条理,形象思维是否丰富、富有感染力,也反映教师对课堂的驾驭能力,直接关系到教学目标的实现。课堂结构应包括整体结构和局部结构,教学方法应能充分体现对学科知识、对学生接受心理的适应性,有利于学生主观能动性的最大程度的发挥。

对课堂结构和方法的考察要注意以下几方面：

①整体结构是否完整,布局是否合理,详略是否得当,各部分之间是否存在密切的内在联系,能否共同为实现本课的教学目标服务；

②局部结构是否清晰,起落是否分明,线条是否简洁明快,转接是否自然流畅；

③教材的处理是否巧妙,切点的选择、切入的角度、切口的开掘是否有利于学生发现问

题、分析问题、解决问题;

④教具或手段的运用是否合理,是否体现鲜明的目的性,实施是否便捷有效。

6)看教学效果,教学效率

教学效果不仅要看课堂气氛、双边活动,更要看发展,看提高,教学效率不仅要看教学密度,还要看学生负担、教学卫生。

听课和评课时可从以下几方面考察:

①课堂气氛和双边活动。看"四轻四重"(指"重自己、轻学生""重讲授、轻训练""重结论、轻过程""重答案、轻方法")的毛病纠正了没有;

②发展和提高。看各类学生的基础,总体目标达成情况和课外延伸的限度;

③教学密度。看阶段目标达成情况和单位时间利用率;

④教学卫生和学生负担。看课堂教学节奏的把握和课堂负担总量。

对教学效果和教学效率的分析必须面向全体学生,引进多元化评价方法和标准,但教师对学生在学科基本知识、基本能力、基本素养、基本态度方面的评估仍要注意合格率和优秀率。

课堂教学评价国内外有不同的标准,每个学校也都会按照自己的实际情况拟定本校的考核评价指标。学校、各院、系都有相应的教学质量评价工作小组。为使评价指标得以实施,教学评价分为院系领导评价、教学督导或同行教师评价和学生评价三个方面。

院系领导课堂教学听课评价如表 4-31 所示,教学督导或同行教师采用的课堂教学听课评价如表 4-32 所示,学生评价如表 4-33 所示。

课堂教学听课评价表 表 4-32
(院系领导等管理人员用表)

课程名称			授课班级				
任课教师			单位				
授课时间	年 月 日(星期)第 节		授课地点				
分类	序号	检 查 项 目 及 选 项					
教师情况	1	教师应提前到达授课地点,做好课前准备工作,准时上课	□提前到达	□准时上课	□迟到(___分钟)		
	2	教师进入课堂应做到仪表端庄,精神饱满,言谈得体,教态自然	□很好	□好	□一般	□不够好	□差
	3	严格要求学生,课堂秩序好	□很好	□好	□一般	□不够好	□差
	4	教师应以适当的考勤方式掌握学生的出勤情况	□有	□否			
	5	板书工整,图示清晰,课件视觉效果好	□很好	□好	□一般	□不够好	□差
	6	讲课有感染力,能吸引学生的注意力,师生互动,课堂气氛活跃	□很好	□好	□一般	□不够好	□差
	7	讲课思路清晰,内容娴熟,教学方法灵活,富于启发性	□很好	□好	□一般	□不够好	□差
	8	教师应按时下课	□按时	□推迟	□提前(分钟)		

续上表

分类	序号	检查项目及选项				
学生情况	9	学生课堂纪律情况	□很好 □好	□一般	□不够好	□差
	10	学生到课情况	□提前到达	□准时上课	□迟到(___人)	
	11	对教师的提问能否进行积极的思考并做出回答	□能 □否			
	12	学生整体的上课情绪	□非常好	□比较好	□一般	□不好
	13	学生与教师互动情况	□非常好	□比较好	□一般	□不好
其他说明						
意见或建议						
听课人		单位		职务或职称		

注:1.请在合适的选项上打"√";2.连续上课作一次统计。

课堂教学听课评价表   表4-32
（教学督导或同行教师采用）

教师姓名			职称		所在部门		
课程名称			授课班级		上课地点		
授课日期	月 日 节		教师出勤	□准时□迟到□早退	学生出勤	约 人	
授课进度	计划	章 节	不符原因		课堂纪律	□良好 □一般	
	实际	章 节				□较差 迟到___人	

	评价项目	A	B	C	D	E
1	讲课有热情，精神饱满					
2	讲课有感染力，能吸引学生的注意力					
3	对问题的阐述深入浅出，有启发性					
4	对问题的阐述简练准确，重点突出，思路清晰					
5	对课程内容娴熟，运用自如					
6	讲述内容充实，信息量足					
7	教学内容能联系学科发展的新思路，新概念，新成果					
8	能给予学生思考、联想、创新的启迪					
9	能调动学生情绪，师生互动好，课堂气氛活跃					
10	能有效利用各种教学媒体					
	项目评价标准：A—很满意；B—满意；C—比较满意；D—基本满意；E—不满意					

续上表

教学内容：	
对课程内容及其他方面的具体意见或建议：	
总体评价 （百分制）	

听课人(签字)：　　　　　年　月　日

学 生 评 价

表4-33

题号	单　　项	满分	得分
1	教态自然大方，着装整洁，举止得体，精神饱满	5	
2	尊重学生，乐于倾听学生意见，师生关系融洽	5	
3	按时上下课，因故缺课、调课能及时通知学生	5	
4	备课认真，准备充分	5	
5	教材选用与课堂教学内容相符，提供的辅导资料有助于学习课程内容	5	
6	严格课堂管理，有效制止影响、干扰教学的课堂不良行为	5	
7	采取有效方式检查学生考勤，并如实记载	5	
8	关注学生的听课状态，要求学生不做与上课无关的事	5	
9	课程的要求、预期目标及在培养方案中的作用能清晰明确告知学生	5	
10	重点、难点突出，不照本宣科	5	
11	内容安排循序渐进，有条理	5	
12	作业量或报告适中，及时批改反馈	5	
13	课程教学能够理论联系实际，举例恰当，容易理解	5	
14	能够使用板书教学，多媒体辅助教学手段有助于课程内容学习	5	
15	合理安排课堂时间	5	
16	灵活运用多种教学方法，能使学生主动参与教学，引导学生分析和解决问题	5	
17	讲课语言清晰，表达准确，逻辑性强，有感染力	5	
18	教师与学生有有效的沟通和答疑渠道，能及时了解学生听课效果及课程内容掌握程度	5	
19	掌握了解课程的教学内容，并能消化巩固	5	
20	教师人格魅力对学生人生观产生积极影响	5	
	合计	100	

4.9.3 课堂教学评价的意义

课堂教学评价工作既可以全面评价教师的思想作风、工作能力、工作态度和工作业绩，客观反映教师的教学水平，为合理选聘教师和教师年度考核提供依据；又可以使教师获得全面的教学反馈信息，帮助教师总结教学工作经验和教训，及时改进教学工作，明确努力方向，增强责任心和事业心，最终达到提高教学质量的目的。

5 汽车专业教学案例

5.1 "汽车构造"课程教学案例

"汽车构造"课程是为汽车服务工程专业的本科生开设的一门专业必修课,是学习其他相关专业课的基石。该课程主要介绍汽车的基本构造与工作原理及其最新技术成果,教学目标是通过该课程的教学,使学生较熟练地掌握汽车整体结构,各大基本总成的作用、结构特点、工作原理等知识,并能够及时了解国内外汽车发展的新结构、新技术,同时使学生具备一定的实际动手能力。为了较好地实现该课程的教学目标,提高教学质量,本教学案例从该课程的备课、理论教学、实践教学三个方面的教学方法展开探索和设计。

5.1.1 课程的备课

课程的备课应该包含三方面内容,即"备教材""备学生"和"备方法"。在实际教学中,很多教师在备课时往往只关注教材本身,而忽略了教学对象的特点把握和依据学生特点选择设计方法。因而为了取得更好的教学效果,在"汽车构造"课程的备课方面,还需要特别注重"备学生"和"备方法"。

"备教材"是教学的常规和基本要求。"汽车构造"课程在内容上应该既体现汽车的基本结构、基本原理和基本规律,又要反映汽车新技术的发展成果和趋势,紧跟科学技术的发展水平,这样学生才能有扎实的基础、广博的视野和创新的意识。为此,必须把新知识、新技术、新车型的结构,根据不同的教学对象及时补充到教学内容中去。

"备学生"也是教学的常规要求,是所有教学管理者和教师都应重视的问题。虽然学校通常具备较为成熟的汽车专业的人才培养方案、课程设置、课程标准等,但备课时还是需要全面了解学生已有的知识经验和技能水平,了解学生的兴趣态度,了解学生的学习方法和习惯,认识到学生的年龄特点及个体差异。

"备方法"是保证教学效果的基石。在实际的教学过程当中,我们应紧紧围绕职教人才的培养目标,树立为"学"而"教"的思想,在传授理论知识之外,要更加注重学生专业技能的训练,要打破传统"讲授者"的概念,向"督促者、引导者、组织者"转化。

5.1.2 理论教学方法设计

理论教学是实践教学的基础,在理论教学的过程中需要凝练教学手法,调动学生的学习兴趣和积极性,提高课堂表现力并遵循由感性到理性的认知规律和教学原则,从而提高理论教学的效率和效果。

学生专业兴趣的充分调动是方法得当的重要体现。学生只有对老师讲授的内容感兴趣

了,才会专注地去学、认真地理解,才会把学习的积极性扩展到课堂之外。为了激发学生的学习兴趣,可充分利用学校的资源,上课之前先带学生参观学习,让他们看到汽车整车及相关部件的实物,然后在授课中引导性的提出不同部件的组成及工作原理等问题,使学生在好奇的心态下去思考,在思考的过程中激发对本课程内容的求知欲。

提高课堂教学表现力,也是增进学习兴趣、提高教学效果的重要途径。授课时应不断提升语言的表达水平,课堂语言要力求通俗、易懂、简洁、准确,善于深入浅出,化未知为已知,变抽象为具体。"汽车构造"的理论授课要充分发挥多媒体教学课件的优势,注重素材收集和课件制作,通过形象生动的画面较好地增进教学的表现力,尤其可以将教材中难讲、难懂、难记的内容用形象、直观、仿真的教学手段展现给学生,增强他们的感性认识,提高教学效果。多媒体教学手段的运用提高了教学效率、节省了大量的课堂时间,在有限的课程教学时间内增大了学生接受的信息量。多媒体教学手段及其他教学方法的运用,改变了传统的教师满堂灌,学生听、记笔记的沉闷教学方式,提高了学生的学习兴趣。多媒体教学手段是"汽车构造"课程教学不可或缺的,其运用的好坏直接影响该课程的教学效果。

5.1.3 教学案例题目:冷却系组成与冷却过程

1)主要教学内容
(1)冷却系的功用。
(2)冷却系的类型。
(3)水冷系的组成与水路循环。
(4)冷却液。

2)教学重点、难点
水冷系的组成与水路循环。

3)教学方法及手段
导入:由发动机总体构造导入发动机冷却系统。
启发分析:根据发动机工作过程分析,让学生理解发动机过热、过冷的危害及发动机冷却系的功用。

A. 发动机过热、过冷的危害。
(1)发动机过热的危害。
①充气效率低,早燃和爆燃易发生,发动机功率下降;
②运动机件易损坏;
③润滑油黏度减小、润滑油膜易破裂加剧零件磨损。
(2)发动机过冷的危害。
①燃烧困难,功率低及油耗高;
②润滑油黏度增大,零件磨损;
③燃油凝结而流入曲轴箱,增加油耗,且机油变稀,从而导致功率下降,磨损增加。

B. 冷却系功用。
①使发动机得到适度冷却,防止发动机过冷、过热;
②以保证发动机在正常的温度范围内工作。

C. 对比分析。

通过对空气和水两种传热介质的传热特点分析,让学生理解风冷却系统和水冷却系统分类及特点。

(1) 风冷却系统,如图 5-1 所示。

①冷却介质是空气,利用气流使散热片的热量散到大气中;

②组成:风扇、导流罩、散热片、汽缸导流罩、分流板;

③工作情况:缸体、缸盖均布置了散热片,汽缸、缸盖都是单独铸造,然后组装到一起。缸盖最热,采用铝合金铸造,且散热片比较长。为了加强冷却,保证冷却均匀,装有导流罩、分流板;

④分类:采用一个风扇时,装在发动机前方中间位置;采用两个风扇时,分别装在左右两列汽缸前端;

⑤特点:优点是结构简单、质量较小、升温较快、经济性好。缺点是难以调节,消耗功率大、工作噪声大。

(2) 水冷却系统,如图 5-2 所示。

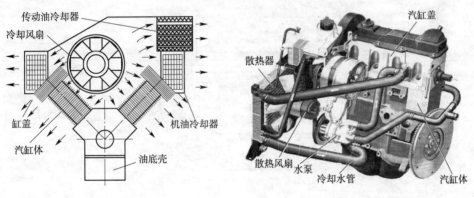

图 5-1　风冷却系统　　　　　　图 5-2　水冷却系统

①冷却介质是"水",通过冷却水的不断循环,从发动机水套中吸收多余的热量,并散发到大气中;

②组成:水泵、水套、散热器、百叶窗、风扇、分水管、节温器、水温表等;

课程重点:理解掌握水冷系的组成与水路循环;

重点分析:大循环和小循环;

③水冷系的水路循环。

水泵作用下,水经水套而吸热,沿水管流入散热器(同时风扇作用而散热),水的温度下降后又由水泵泵回水套内。

a. 大循环,如图 5-3 所示。

水温高于 70°,部分水流经散热器;水温高于 83°时,水套中的热水全部流经散热器,进行大循环。

b. 小循环,如图 5-4 所示。

水温低于 70°,水套中的水经旁通水道进入水泵,又经水泵压入水套,不经散热器。

利用相应的教学软件,将水冷系结构、大循环和小循环工作原理以动画的形式展示,学生便能很清楚地弄清水冷系的结构和工作原理。

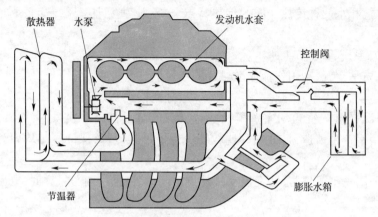

图 5-3　大循环

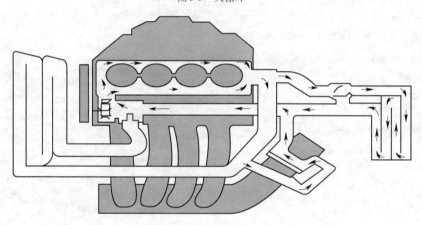

图 5-4　小循环

4) 一般介绍：要求学生了解冷却液

冷却液

(1) 冷却水。

最好使用软水，如雨水、河水、自来水；尽量不用硬水，如泉水、井水，容易产生水垢；硬水可加纯碱、烧碱、红矾溶液进行软化。

(2) 防冻液。

甘醇、甘油、酒精等配制而成

归纳小结：

概括基本内容，归纳重点内容，布置作业及预习下一讲主要教学内容。

5.2　"发动机电子控制技术"课程教学案例

为适应社会对人才的需求，我国中职学校和高职院校都在进行新一轮的教学改革，其中课程改革是这次教学改革的重点。目前，在职业院校中普遍采用"基于工作过程"课程开发方法对原有课程进行重新设计，其特点是以典型工作任务为载体、在相对真实的工作情境中进行"理实一体化"教学,强调"教学做"一体化。

5.2.1 课程设计理念

"发动机电控技术"是汽车服务工程专业,针对汽车机电维修工岗位能力进行培养的一门核心课程。该课程较常用的教学方式是"理论课 + 技能训练",即理论课在理论教室进行,相关的实践项目在实验室或专门的技能训练中进行。该教学方式的特点是注重理论知识的系统学习,但理论与实践相脱节。理论课程由于看不到实物,教学过程比较枯燥,学生理解起来比较困难。实验或技能训练时学生将理论知识已经忘记,实验实训教师还要重复进行理论知识的讲解,大大降低了教学效率。另外,实验或技能训练的内容基本上是对理论知识的验证,与实际工作任务关联度很低。基于上述情况,采用基于工作过程的课程开发方法对"发动机电控技术"课程进行了重新开发。

5.2.2 基于工作过程的课程开发

所谓工作过程是"在企业里为完成一件工作任务并获得工作成果而进行的一个完整的工作程序",工作过程是一个综合的、时刻处于运动状态但结构相对固定的系统,一般包括六个要素:对象、内容、手段、组织、产品、环境。这六个要素随工作过程的不同而不同,不管什么样的工作过程,都可以抽象出普适性的六个步骤:资讯、计划、决策、实施、检查、评估。

基于工作过程的课程开发的主要特点是打破了传统学科体系的知识架构,以典型工作任务为载体设计学习情境,课程的内容不再是"章、节"结构,而是学习情境结构。学习情境的设计参照系是行动体系,知识按照典型工作任务的需求进行重新整合。教学方式采用"理实一体化教学",在相对真实的工作情境中将学习过程与工作过程有机结合。教学特点是"以学生为主体、以教师为主导"。

5.2.3 课程定位及培养目标

"发动机电控技术"课程构建于"汽车构造""汽车电气"等课程的基础上,主要培养学生利用现代诊断和检测设备进行发动机控制系统故障诊断、故障分析、零部件检测及维修更换等专业能力,同时注重培养学生的社会和方法能力。通过"发动机电控技术"课程的学习,使学生掌握专业能力、社会能力和方法能力。

专业能力指具备与客户交流与协商能力,能够向客户咨询车况,查询车辆技术档案,初步评定车辆技术状况;能独立制订维修计划,并能选择正确检测设备和仪器对发动机控制系统进行检测和维修;能对燃油供给不良故障、点火异常故障、进气不良故障、排放超标故障、发动机控制系统的综合故障进行故障诊断并对零部件进行检测;能正确使用万用表、故障诊断仪、示波器及发动机综合分析仪等常用检测和诊断设备;能遵守相关法律、技术规定,按照正确规范进行操作,保证维修质量;能检查修复后发动机系统工作情况,并在汽车移交过程中向客户介绍已完成的工作;能根据环境保护要求处理使用过的辅料、废气、废液及损坏零部件。

社会能力指具有较强的口头与书面表达能力、人际沟通能力;具有团队精神和协作精神;具有良好的心理素质和克服困难的能力;能与客户建立良好、持久的关系。

方法能力指能自主学习新知识、新技术;能通过各种媒体资源查找所需信息;能独立制订工作计划并实施;能不断积累维修经验,从个案中寻找共性。

5.2.4 课程学习情境设计

在对维修企业进行实际调研的基础上,对发动机电控系统的典型工作任务进行了分析,结合学生的认知规律,共为"发动机电控系统故障诊断与修复"课程设计了5个学习情境,5个学习情境按照从简单到复杂、从单一到综合的规律进行排序。前面4个学习情境以发动机"系统故障现象"为载体,主要解决各个系统存在故障时诊断、检测与维修的问题。最后1个学习情境以"综合故障现象"为载体,主要训练学生如何根据综合故障现象判断故障所发生的系统,重点培养学生制订故障诊断计划、形成严密的诊断思维能力。为便于实施教学,在每个学习情境中还设计了若干个学习单元。例如,学习情境5中设计了4个学习单元,如表2所示。

课程教学资源开发基于工作过程的教学,以学生为主体、以教师为主导,为了帮助学生完成学习情境的工作任务,需要为学生设计相关的教学资源。从某种意义上讲,教学资源开发的质量决定了基于工作过程"一体化"教学的成败。教学资源一般包括教学设计、教学课件、教学录像、学生手册、任务工单、维修资料等。

教学设计是教师对每个学习单元教学组织过程的整体设计,主要内容包括任务的名称、任务的目的、学时、实训场地、实训设备、客户任务描述以及教学过程的组织等;教学课件是教师在学生资讯阶段针对任务的需要进行的必要的理论讲授内容,主要包括与任务相关的重点的陈述性知识和过程性知识的讲解;教学录像是教师采用教学课件进行理论讲授或进行的任务实操演示录像;学生手册是学生自主学习的文字材料,学生手册的内容是与某个学习单元相关的陈述性知识和过程性知识的集合;维修资料是与任务相关车辆的真实维修资料,以便学生在资讯阶段查阅;任务工单是引导学生完成具体工作任务的引导性文字材料,是基于工作过程的一体化教学的核心文件。通过任务工单可以培养学生查阅资料、制订计划、书写、记录数据、绘制图形、分析结果等多种岗位工作能力。

理实一体化教室设计基于工作过程的"一体化"教学在一体化教室中进行。在一体化教室中要体现"工作情境""学习情境"和"教学情境"。一体化教室的设计要注意以下几个原则。

要具有多媒体教学设备,方便教师进行现场授课和讲解;要具有学生用来讨论和制订计划的区域;要体现实际的工作过程,具有实际操作的仪器和设备;要具有教师工作的区域,方便对一体化教室进行日常管理;要有充足的学生活动场所;要具备消防设施和通风设备。根据上述原则,为"发动机电控系统故障诊断与修复"课程一体化教室设计了5个功能区域:多媒体教学区、讨论区、操作区、仪器设备区和教师工作区,如图1所示。工作过程的"一体化"教学按照"行动导向教学六步法"组织教学,其实施步骤是:资讯、计划、决策、实施、检查、评估。学生以团队的形式进行学习,整个班级分成4个小组,每个小组设有组长。

资讯阶段:教师为每个小组分配工作任务并发放工单。学生在操作区实际体验要完成的任务,比如起动发动机、观察故障现象等。之后,教师根据实际任务需要,在多媒体教学区对学生进行重点内容讲解,主要包括陈述性知识和过程性知识的讲解。学生根据教师的讲解,查阅各种资料,完成工单资讯部分的内容。

计划阶段:学生以小组的方式进行充分讨论,制订工作计划。然后,4个小组分别选取代表向全班同学汇报小组计划,教师对4个工作计划进行点评,并提出修改意见。

决策阶段:学生根据计划汇报情况和教师点评情况,选择比较合理的计划,并进行仪器、设备选择和小组成员分工。

实施阶段:各小组到操作区以小组的方式完成预定工作任务,记录维修过程中检测的相关数据、波形,综合分析后形成诊断结果,并根据诊断结果对故障部位进行修复。教师监控学生的操作,必要时给予指导。

检查阶段:故障排除后,小组成员检查修复质量,确保故障完全排除。

评估阶段:小组成员进行自我评估和反思,教师对各小组工作进行点评。

5.2.5 课程考核方式

基于工作过程的"一体化"教学以过程考核为主、期末考核为辅。具体考核的方式如表3所示。平时表现主要考核学生出勤情况及平时学习过程中的主动性和积极性;工单考核主要根据学生完成工单情况进行考核;实操考试是在期末单独组织的实际操作考核,其特点是学生单独操作,主要考核学生独立完成任务的能力;基础理论考核是在期末进行的针对课程基础知识和理论的综合笔试,主要考查学生对基础知识和理论知识的掌握能力。通过课程考核方式的改革,可以正确引导学生的平时学习行为,注重能力的养成,避免以往"终结性"考试带来的种种弊端。

课程教学效果

"发动机电控系统故障诊断与修复"在我校汽车维修工程教育专业三届学生中进行了实施,并取得了良好的教学效果。主要表现在:学习积极性和主动性大大提高;查找信息的能力增强;独立思考、制订计划能力增强;团队意识和克服困难的能力增强;实践动手能力增强;对基础理论的理解更加深刻。

5.2.6 "进气流量传感器的故障检测"教学设计(表5-1)

表5-1

任务名称	进气流量传感器的故障检测	学时	4	学生人数	40
指导教师	申荣卫 温立志	教学方法	任务教学法;引导文教学法; 小组工作法;讲授法;头脑风暴法		
任务地点	发动机电控理实一体教室	所需设备	AJR发动机4台,解码器4个,示波器4个,万用表4个		
客户任务	选择一个由于空气流量传感器故障引起的发动机怠速不稳、加速无力、急加速时出现进气管回火现象,且故障灯亮的案例,采用情境化的教学方式,引导学生按照六步法(资讯、决策、计划、实施、检查、评估),紧密结合汽车维修企业实际过程排除故障,在此过程中学习相关理论知识和检测仪器的正确使用方法				

续上表

阶段		
学习目标	1. 能通过与客户交流、查阅相关维修技术资料等方式获取车辆信息。 2. 能根据故障现象制订正确的维修计划。 3. 能正确选择诊断设备对空气流量传感器引起的故障进行诊断。 4. 能正确记录、分析各种检测结果并做出故障判断。 5. 能按照正确操作规范进行空气流量传感器的更换。 6. 能根据环保要求，正确处理对环境和人体有害的废料和损坏零部件	
学习内容	1. 空气流量传感器的作用。 2. 空气流量传感器类型。 3. 热线式空气流量传感器结构与原理。 4. 热膜式空气流量传感器结构与原理。 5. 空气流量传感器故障分析。 6. 空气流量传感器故障检修	
阅读内容	1. 翼板式空气流量传感器；卡门旋涡式空气流量传感器。 2. 进气歧管绝对压力传感器	
课下作业	1. 叙述空气流量传感器的分类？简述翼板式空气流量传感器的工作原理。 2. 简述卡门漩涡式空气流量传感器的工作原理	

任 务 步 骤

阶段	教 师	学 生	学 时
资讯	1. 给学生展示故障车辆，并明确工作任务。 2. 将车辆维修资料、维修工单、任务工单分发给学生。 3. 采用PPT课件讲解空气流量传感器基本工作原理和检修要点。 4. 接受学生关于车辆信息的咨询	1. 接受教师提出的工作任务，聆听教师关于空气流量传感器内容的讲解。 2. 通过咨询客户（教师扮演）和使用车辆信息系统填写维修工单内容。 3. 通过查阅维修资料、课程网站、学生手册以及视频资料填写任务工单资讯部分内容	45min
决策	1. 为学生提供所需检测设备，并提示设备安全注意事项。 2. 为学生分配故障车辆。 3. 接受学生咨询并监控学生的讨论	1. 根据具体故障现象和工作任务要求，选择合适的故障读码器、万用表和示波器。 2. 分成4个工作小组，并选择组长	10min
计划	1. 审核学生制订的工作计划。 2. 对工作计划提出修改意见。 3. 接受学生咨询并监控学生的讨论	1. 以小组讨论的方式，制订故障排除和检测的工作计划。 2. 小组代表汇报工作计划	20min
实施	1. 监控学生的操作并及时纠正错误。 2. 回答学生提出的问题。 3. 对学生的检测结果进行检查	1. 用故障读码器读取系统故障。 2. 用万用表、示波器对空气流量传感器进行检查。 3. 对传感器进行修复或更换。 4. 在任务工单中记录相关数据	75min

续上表

阶段	教 师	学 生	学 时
检查	1. 监控学生的操作并及时纠正错误。 2. 回答学生提出的问题	1. 起动发动机,检查空气流量传感器故障是否排除。 2. 检查发动机性能	20min
评估	1. 对各小组工作进行综合评估。 2. 提出改进意见和注意事项	1. 以小组讨论方式进行工作评估。 2. 根据教师提出的意见修改工作计划	10min

5.2.7 任务工单(表5-2)

表5-2

任务名称	空气流量传感器故障检修	学时	4	班级	
学生姓名		学生学号		任务成绩	
实训设备	AJR发动机、万用表、故障诊断仪、示波器	实训场地	一体化教室	日期	
客户任务	一辆时代超人轿车出现下面故障现象: 急速不稳、加速无力、急加速时进气管回火、故障灯亮				
任务目的	请制订工作计划,并利用诊断设备确定故障位置,并对故障部件进行检测和更换				

一、资讯

1. 空气传感器的英文缩写是_____。
2. 根据结构类型分,常用空气流量传感器的类型有_____、_____和_____。
3. 空气流量传感器安装在_____,其作用是_____。
4. 根据信号输出形式,空气流量传感器有_____和_____。
5. 空气流量传感器的失效形式有_____、_____、_____、_____。
6. 下图是热线式空气流量传感器原理图,请填写相应内容。

R_K: _____;
R_H: _____;
R_B: _____;
R_A: _____。

叙述热线式空气流量传感器的工作原理:
_____
_____
_____

7. 空气流量传感器失效后常见的故障现象有:_____、_____、_____、_____、_____。
8. 标出时代超人发动机空气流量传感器各端子的名称,并分析其工作过程

续上表

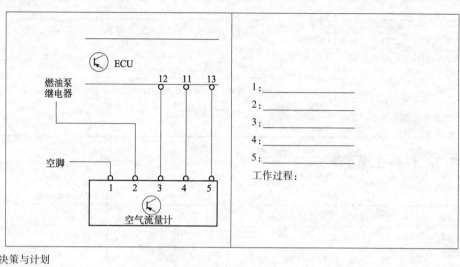

二、决策与计划

请根据故障现象和任务要求,确定所需要的检测仪器、工具,并对小组成员进行合理分工,制订详细的诊断和修复计划。

1. 需要的检测仪器、工具

2. 小组成员分工

3. 诊断和修复计划

三、实施

1. 将 KT300 与发动机诊断接口连接,打开点火开关,读取故障代码,故障码情况为_____。

2. 静态检测

(1) 检测电源:_____传感器连接器;点火开关置_____,用万用表测量连接器插头_____与_____间的电压,应为_____,测量值是_____。

(2) 检测电源:起动发动机,用万用表测量连接器插头_____与_____间的电压,应为_____,测量值是_____。

(3) 检测搭铁:_____传感器连接器,用万用表测量连接器插头_____与_____间的电阻,应为_____,测量值是_____。

3. 动态检测

(1) 点火开关置_____,插上传感器连接器。

(2) 起动发动机,怠速时测量 ECU "13" 与 "2" 之间的电压,应为_____,实为_____。

(3) 急加速时,"13" 与 "2" 之间最大电压为_____。急减速时,"13" 与 "2" 之间的最小电压为_____。

续上表

4.故障设置			
	空气流量传感器状态	信号电压	发动机状态
	正常		
	断路		
	模拟		

通过上述检查,得出以下结论:
(1)＿＿＿＿＿＿＿＿＿＿＿＿＿＿＿＿＿＿＿＿＿＿＿＿＿＿＿＿＿＿＿＿＿＿＿＿＿
(2)＿＿＿＿＿＿＿＿＿＿＿＿＿＿＿＿＿＿＿＿＿＿＿＿＿＿＿＿＿＿＿＿＿＿＿＿＿
(3)＿＿＿＿＿＿＿＿＿＿＿＿＿＿＿＿＿＿＿＿＿＿＿＿＿＿＿＿＿＿＿＿＿＿＿＿＿

四、检查
故障排除后,进行如下检查:
1.起动发动机,检查故障灯是否点亮:＿＿＿＿＿＿＿＿＿＿＿＿＿＿＿＿＿＿＿＿。
2.检查急速情况:＿＿＿＿＿＿＿＿＿＿＿＿＿＿＿＿＿＿＿＿＿＿＿＿＿＿＿＿＿。
3.检查加速情况:＿＿＿＿＿＿＿＿＿＿＿＿＿＿＿＿＿＿＿＿＿＿＿＿＿＿＿＿＿。
4.检查急加速情况:＿＿＿＿＿＿＿＿＿＿＿＿＿＿＿＿＿＿＿＿＿＿＿＿＿＿＿＿。

五、评估
1.请根据自己任务完成的情况,对自己的工作进行自我评估,并提出改进意见。
(1)＿＿＿＿＿＿＿＿＿＿＿＿＿＿＿＿＿＿＿＿＿＿＿＿＿＿＿＿＿＿＿＿＿＿＿＿＿
(2)＿＿＿＿＿＿＿＿＿＿＿＿＿＿＿＿＿＿＿＿＿＿＿＿＿＿＿＿＿＿＿＿＿＿＿＿＿
(3)＿＿＿＿＿＿＿＿＿＿＿＿＿＿＿＿＿＿＿＿＿＿＿＿＿＿＿＿＿＿＿＿＿＿＿＿＿
2.教师对学生工作情况进行评估,并进行点评。
＿＿＿＿＿＿＿＿＿＿＿＿＿＿＿＿＿＿＿＿＿＿＿＿＿＿＿＿＿＿＿＿＿＿＿＿＿＿＿
3.学生本次任务成绩:＿＿＿＿＿＿＿＿＿＿＿＿＿＿＿＿＿＿＿＿＿＿＿＿＿＿。

5.3 "汽车营销"课程教学案例

5.3.1 教学内容、方法、设备(表5-3)

表5-3

授课时间: 45 min

教学内容	展厅接待		
教学目标 (根据学科特点及学生的能力培养要求制订教学目标)	知识目标	技能目标	态度目标
	1.明确接待客户的基本礼仪 2.明确店内接待的流程及技巧	1.能按照礼仪的要求接待客户 2.制订销售接待方案 3.实施销售接待任务	1.养成团队合作的工作作风 2.形成热情服务、一丝不苟的工作态度 3.具备客户至上,全心全意的服务意识
教学重点难点	重点:1.新车销售接待的流程和工作标准 　　　2.销售接待中的礼仪规范和行为指导策略 难点:1.能够掌握顾客心理并进行有效沟通 　　　2.在实践中灵活运用接待技巧,能够为客户提供专业化的服务		

续上表

教学方法	教法:任务驱动法、案例引导法、探究讨论法 学法:自主学习法、合作探究法、角色扮演法、分组竞赛法
教学手段	理实一体化教学
教学资源	全新卡罗拉教学用车1辆、电脑若干台、谈判桌1张、谈判椅3把、资料夹1个、资料盒2个、资料架1个、全新卡罗拉车型资料1套、名片盒1盒
教学内容	本课程选用教育部职教师资培养项目成果《汽车营销》一书,该书实践性较强,指导学生对专业能力和社会能力进行训练。是学生上岗工作之前的必修课。 本授课内容选自第十章汽车营销流程,该部分内容的礼仪规范、服务理念、服务能力贯穿于汽车营销领域的始终。体现的是营销人员的基本素质和能力,是一种基本的通用的能力要求。所以学生必须充分重视并牢固掌握运用

5.3.2 教学过程设计(表5-4)

表5-4

教学环节	教学步骤与内容	教学方法	备注
【明确任务】	新课导入 销售的含义: 识别潜在顾客的需求并满足这些需求 顾客购买的三要素: 信心——控制范围 需求——影响范围 购买力——关心范围 播放卡罗拉广告——家门篇 让学生讨论从广告片中了解到什么信息 明白卡罗拉的设计理念	讨论法	5min
	新课讲解: 店内接待的目的: 1. 建立融洽关系 2. 取得初步信任 店内接待技巧: ➢让顾客感到舒适 ➢消除顾客的疑虑 ➢建立顾客的信心	引导法	5min
【布置任务】	布置任务: 教师下发工作页,布置任务。对卡罗拉车型的特点做必要的讲解。根据学生的实际情况做一定引导。 任务以工作页的形式下发给学生,学生三人为一小组,自主学习、研讨、组织、配合,共同完成任务。 (工作页见附件1)	任务驱动法	2min

续上表

教学环节	教学步骤与内容	教学方法	备注
【制订计划】	情景演示： 通过播放一汽大众标准专业的"店内接待"视频让学生能够更好地了解店内接待的内容和标准做法。 计划制订： 学生根据工作页要求，提供的教学资源自主学习，制订计划，并分角色进行练习。 教师在整个任务实施过程中不干涉学生任务的具体内容。尽量不发表自己的意见和想法，全部由学生研究讨论决定，针对学生完成任务所需要的资料、辅助工具等做必要的解释和说明	案例引导法 自主学习法 合作探究法	10min 3min
【任务展示】	角色扮演： 让各小组分别进行角色扮演，表演给大家。其他同学认真观看。做好记录，归纳总结时需要发言。 归纳总结： 教师记录学生在此环节的表现，肯定优点，更重要的是找出存在的问题，对于共性问题在教师综合总结时重点强调。 教师进行综合点评，找出共性问题和以后工作中可能出现的问题及解决办法	角色扮演法	10min
【评价反馈】	课后作业： 布置课后实训报告，下次课前的准备任务。 课后巩固： 由学生总结学习任务，填写学生关键能力评价表，学生本人填写自评表，小组成员为其填写互评表，教师填写教师评价表。将从学生、同学、教师三个角度对学生在整个学习过程中的表现进行评价。从而体现本节课的教学效果。 （学生关键能力评价表见附件1）	探究讨论法 归纳总结法 预习下节课内容	5min 5min
【课后活动】	利用第七节课自习时间，开放仿真实训室，让学生对本节课所学销售接待的理论知识通过汽车营销教学软件进行巩固，找出自身和企业实际需求的差距，重新制订销售接待方案，课后小组成员进行角色互换认真反复练习。 板书的第一作用旨在让学生明确本节课的主要知识点。让学生在课堂上就知道企业所需员工应该具备的素质和能力，尽量实现学校与企业的零对接。 板书的第二作用是归纳总结。学生把每个小组的演练情况做具体的总结，教师负责把这些写在黑板上，并对共性问题加以强调，点明问题的解决办法。便于大家更清楚地认识到自身或他人身上的优点和不足。有效的取长补短。 （板书设计见附件2）	知识巩固 发现问题 能力升华 明确基础知识、必备能力	课后时间
【板书设计】		点明优势和问题，便于进一步提高	

附件1 任务工单

姓名		组别		
实训项目		6-2 展厅接待		
任务一 左思右想	预约的李女士，如约到店看车			
	展厅接待注意事项：			
任务二 跃跃欲试	展厅接待基本话术			
	1： 2： 3：			
任务三 职场体验	根据"4S"店实际工作要求，进行销售工具的准备，同时完成展厅布置			
任务四 强化训练	情景描述：＊＊4S店电话预约的李女士（大概35岁左右），和丈夫一同到店看车。根据所设情景，完成展厅接待			
检查任务	当您踏进展厅，是否立刻有人（接待员或者是销售顾问）主动热情接待	□ 是	□ 否	
	销售顾问是否主动询问您的姓氏	□ 是	□ 否	
	销售顾问是否做自我介绍并双手递名片	□ 是	□ 否	
	销售顾问是否主动向您提供至少3种饮料	□ 是	□ 否	
	接待员/销售顾问是否主动了解您有无预约以及是否首次到店	□ 是	□ 否	
	请根据自己任务完成的情况，对自己的工作进行自我评估，并提出改进意见			
教师评价				

附件2 板书设计

```
                    新车销售流程——店内接待

    一、店内接待目的：              二、店内接待技巧：(重点)
    1. 建立融洽关系                 1. 让顾客感到舒适
    2. 取得客户初步信任              2. 消除顾客疑虑
                                   3. 建立顾客信心

    三、教学总结：
    存在问题：



    解决办法：
```

5.4 "汽车服务技能训练"课程教学案例

5.4.1 教学内容及过程设计（表5-5）

授课地点：汽车空调实训室　　授课班级：　　授课类型：理实一体化教学

表5-5

课程名称		汽车空调	序号	
学习情境		汽车空调制冷系统故障诊断与排除	日期	
工作任务		汽车空调制冷效果不良故障排除	课时	2
教学目标	知识目标	1. 掌握汽车空调制冷效果不良常见的原因 2. 掌握汽车空调制冷系统常用故障诊断方法		
	技能目标	1. 会用歧管压力表诊断制冷系统故障 2. 能根据故障现象合理选择检修工具并排除故障		
	情感目标	1. 自我学习能力的培养，提高分析问题、解决问题的能力 2. 团队合作能力、沟通协调能力的培养 3. 责任心、安全、规范操作意识的培养 4. 语言及文字表达能力的培养		
教学方法		情境教学法、角色扮演法、案例教学法、现场演示法、讲练结合法、引导文教学法、小组讨论法、头脑风暴法		
工具媒体		汽车空调台架、歧管压力表、真空泵、制冷剂注入阀、电子检漏仪、制冷剂、多媒体		

续上表

教学环节	教学内容	教学方法 教学手段
任务载体 （5min）	案例导入： 某客户反映，其驾驶的奇瑞A3轿车空调最近出现制冷效果不良故障，出风口风量正常，就是温度降不下来。客户经理接到投诉后，学员从服务总监接受任务，要求学员找出故障原因，并排除故障。如果大家是维修学员，应该怎么办呢？ 提出任务要求：知识目标、技能目标、情感目标，让学生知道学什么。 理论知识： 汽车空调制冷系统常见故障：制冷效果不良（制冷不足、间歇制冷）、不制冷、异响等	情境教学法、角色扮演法 由问题引入，激发学生学习兴趣
信息资讯 （25min）	制冷效果不良的故障原因有哪些？怎样诊断排除？ 一、汽车空调制冷效果不良的故障原因 机械方面的原因？ 电气方面的原因？ 制冷循环方面的原因？ 其他方面的原因？ 机械故障原因：压缩机传动带松弛打滑／压缩机本身性能不良／压缩机电磁离合器打滑 制冷系统故障原因：热力膨胀阀有故障／储液干燥器有堵塞／制冷系统中有空气／制冷系统中有水分／制冷剂不足或过多／冷冻润滑油过多／蒸发器有脏污，散热不良／冷凝器有脏污，散热不良 电气系统故障原因：蒸发器温度传感器不良／冷凝风扇或电路故障／鼓风机电路故障 其他原因：调温门操纵机构不良／热水阀关闭不严／风道堵塞 二、空调系统常用的故障诊断方法 汽车空调出现不工作或工作不正常等故障时，会有一些外观的表现，通过直观的检查，如眼看、手摸、耳听及诊断仪器检测能准确而又简便的诊断故障所在，迅速排除故障。 比较科学的诊断方法是"先简单，后复杂；先外部，后内部；先电气线路，后制冷系统"。 1.通过眼睛观察检查故障 1）查看制冷部件外观	教学方法：小组讨论法、头脑风暴法，教师讲解与学生讨论相结合 教学手段：PPT、板书

续上表

教学环节	教学内容	教学方法 教学手段
信息资讯 (25min)	①仔细观察系统管道各个接头表面和冷凝器、干燥器表面是否有油污和灰尘,如有,说明该处可能存在泄漏; ②仔细观察冷凝器和蒸发器表面看是否清洁,散热片是否变形; ③观察低压侧管道外壁有无结霜; ④观察排水管道是否有排水。 2)观察视液镜 若清晰、无气泡,改变发动机转速有少量气泡,随即消失,说明制冷剂适量; 若内部有少量气泡或者每隔1~2s就可以看到气泡,说明制冷剂稍有不足; 若内部很多气泡,说明制冷剂严重不足; 若内部一片模糊,说明干燥剂分解; 若有长串油纹,说明冷冻机油过量;若有黑色油迹,说明冷冻油变质。 2. 用耳听检查故障 (1)听压缩机有无异响、压缩机是否工作,来判断空调不制冷或制冷不良是否因为压缩机或压缩机控制电路的问题; (2)听送风系统有无异响。 3. 通过手摸检查故障(结合PPT图片讲解) (1)压缩机→冷凝器入口 60~70℃; (2)冷凝器出口→膨胀阀 50~60℃; (3)膨胀阀出口→压缩机入口 2~4℃; (4)冷凝器上下温差大。 4. 通过仪器设备检测 (1)用歧管压力表检查;(重点讲解) (2)用检漏仪检查; (3)用万用表检查; (4)用温度计检查。 三、用歧管压力表诊断制冷系统故障 当发动机预热后,在下列条件达到稳定时,从歧管压力表读取压力值。 发动机转速1500r/min~2000r/min,风扇速度开关在最大,冷度开关在最强时,从歧管压力表上读取压力值。 R134a空调系统歧管压力表读数:低压侧为0.15MPa~0.25MPa,高压侧为1.37MPa~1.81MPa。 实践技能:以复习为主,视学生掌握情况讲解,强调注意事项。 一、空调系统的检漏 1)目测检漏法(油迹法) 2)气泡检漏法(加氮气) 3)着色检漏法 4)检漏仪检漏法 5)负压检漏法 6)荧光检漏法 二、制冷剂的排放与回收 三、制冷系统抽真空	教学手段:PPT、图片、板书 用歧管压力表诊断制冷故障是重点也是难点,需辅以对应的教学方法和教学手段。 教学方法:引导文教学法、小组讨论法, 教学手段:图片、实物、板书 制冷系统检修操作知识为学生学过内容,视学生掌握情况在任务实施环节,边操作边讲解

续上表

教学环节	教学内容	教学方法 教学手段
信息资讯 （25min）	四、加注制冷剂（高压侧、低压侧） 强调高低压侧加注特点及注意事项。 五、冷冻油的加注 加注原则及加注方法。 六、制冷剂加注量的确定 发动机转速1500r/min~2000r/min,鼓风机转速调至最大,温度调至最低,内循环,从歧管压力表上读取压力值。 R134a空调系统歧管压力表读数：低压侧为0.15MPa~0.25MPa,高压侧为1.4MPa~1.8MPa。（30~35℃时） 案例分析 故障现象：空调运行时,低压端压力时而真空时而正常,间歇制冷。 可能的原因：进入制冷系统内的水气在膨胀管口结冰,循环暂时停止,但是当冰融化后一段时间又恢复到正常状态。 诊断：干燥剂处于过饱和状态→制冷系统内的水气在膨胀阀管口结冰,阻塞制冷剂的循环。 故障排除方法：①更换贮液干燥器。 ②补充添加冷冻机油。 ③通过反复的抽真空来清除系统中的水气。 ④注入适当数量的新制冷剂	
计划与决策 （10min）	根据任务工单所给出的故障案例,学生分组讨论故障原因,确定故障检修所需的检修仪器设备、维修资料,制订故障检修的实施方案。 在教师的指导下,对各小组制订的故障检修方案（检修内容及检修步骤等）进行讨论,确定其是否合理、可行,不合理处需修改重新制订	教师引导：小组讨论、头脑风暴法、教师辅导
任务实施 （35min）	安全教育,规范操作意识。 根据已确定的检修方案,在学生手册和任务工单的引导下,学生分组操作、排除空调制冷不良故障,并认真填写工单相关内容。 检修步骤： 1.根据故障现象诊断为系统制冷剂不足 2.故障诊断与排除方法 连接歧管压力表诊断,高低压表示数均偏低,且视液镜有大量气泡,即可诊断为系统有泄漏。检修操作如下： （1）检漏。 （2）抽真空。 （3）重新加注制冷剂至适量。 （4）制冷剂量检查	安全教育 引导文教学法、演示法、学生分组操作 教学手段：图片、台架、检修工具
检查与评估 （10min）	小组检查故障排除步骤是否漏项？ 检修操作是否规范？ 任务工单是否填写完整？ 仪器设备是否归位？ 教师对本工作任务实施情况进行总结及点评,并请代表发言。 总结重、难点及检修注意事项	小组讨论法,教师参与、课堂对话 板书强化重、难点

续上表

教学环节	教学内容	教学方法 教学手段
知识拓展 (5min)	某空调系统驾驶室出风口冷风不足,用歧管压力表检查,高低压压力均偏高,用冷水从车头泼到冷凝器上,出风口冷风正常,请分析这种现象的原因,并给出故障排除方法。 一辆桑塔纳2000轿车,启动空调制冷系统后,发现出风口温度时高时低,试分析故障原因,并给出排除方法	学生自主学习,举一反三

5.4.2 任务工单

一、基本任务

任务目的:掌握汽车空调常用检修工具的正确使用;掌握汽车空调制冷不良的常见故障原因及诊断排除方法。

任务名称:汽车空调制冷效果不良故障排除。

任务描述:参考学生手册,了解必要的信息,选择适合的检修工具,排除汽车空调制冷效果不良故障。

任务要求:正确选用检修工具,小组协作完成,安全文明操作。

二、信息资讯

故障现象:某客户反映,其驾驶的奇瑞A3轿车空调系统最近出现制冷效果不良故障,出风口风量正常,就是温度降不下来。

1.可能的故障原因分析:

(1)可能是鼓风机电路故障吗?

(2)可能是空气分配装置故障吗?

(3)制冷循环系统方面的原因有哪些?

2.观察视液镜正常吗?

3.用手感触制冷管路温度正常吗?

(1)压缩机→冷凝器入口的温度:_____。

(2)冷凝器出口→膨胀阀:_____。

(3)膨胀阀出口→压缩机入口:_____。

(4)冷凝器上下_____温差。(有/无)

4.用歧管压力表诊断制冷系统故障时,诊断条件有哪些?(发动机转速、温度、鼓风机转速等有何要求?)

5.汽车空调R134a系统的标准压力值,低压侧:_____,高压侧:_____。

6.若用歧管压力表进行诊断,高、低压侧的压力都偏低,同时在视窗出现连续地气泡。

可能的故障原因:

故障诊断排除方法:

三、计划和决策

选择合适的检修工具,小组协作,完成故障排除。

1. 工具和仪器设备准备(表5-6)

表5-6

资料、工具、设备名称	数　量

2. 任务分配(表5-7)

表5-7

成　员	任　务	工作步骤	时间安排

四、任务实施

1. 技术规范与要求

(1)所有操作符合安全技术标准。

(2)在操作过程中不允许出现安全事故。

2. 制订维修计划(要完成的工作)

(1)_____。

(2)_____。

(3)_____。

(4)_____。

3. 分组实施

(1)用歧管压力表测得的高低压侧压力值:高压侧_____,低压侧_____。压力值正常吗？诊断出的故障原因？

(2)如何用检漏仪对制冷系统检漏？泄漏部位在哪里？

(3)排放制冷剂时有哪些注意事项？

(4)抽真空的目的？如何操作步骤？

(5)如何从高压侧加注制冷剂？有何注意事项？

(6)如何从低压侧补充加注制冷剂？

(7)如何确定加注量？

(8)任务实施过程中,遇到哪些问题？如何解决？

五、检查与评估(表5-8)

表5-8

	评　分　内　容	标准分值	自我评分(30%)	教师评分(70%)
计划	根据任务性质制订工作计划	10		
准备	仪器设备、工具等使用材料准备	10		

续上表

	评 分 内 容	标准分值	自我评分(30%)	教师评分(70%)
实施	实际操作顺序正确	10		
	按规范和要求实际操作	15		
	安全、整理和清洁	10		
检查	仪器设备的正确选择	5		
	仪器设备的正确使用	15		
	正确记录结果,并分析原因	10		
	填写任务工单	5		
评估	自我评价操作过程的得失	5		
	提出优化方案	5		
	总分	100		

教师评语:

签名:	日期:	教师签名:	日期:

参 考 文 献

[1] 关志伟. 现代职业教育汽车类专业教学法[M]. 北京:北京师范大学出版社,2010.
[2] 张骥祥. 现代职业教育教学理论与方法丛书[M]. 北京:北京师范大学出版社,2009.
[3] 陈钢,刘丹,张金姣. 职业教育专业教学法[M]. 广西:广西师范大学出版社,2014.
[4] 朱军. 汽车维修基础技能实训教材[M]. 北京:人民交通出版社,2010.
[5] 明光星,马金刚. 汽车电器实训教程(中等职业教育汽车运用与维修系列教材)[M]. 北京:机械工业出版社,2015.
[6] 刘成晔,蒋科军. 项目教学法在"汽车构造"课程教学中的应用与探索[J]. 江苏技术师范学院学报,2010(05).
[7] 张捷雷. 高职院校会展专业"项目导向、产学并行"人才培养模式探析[J]. 当代职业教育. 2013(08).
[8] 马祥兴. 项目课程为主体的高职教育课程体系开发[J]. 中国职业技术教育. 2010(32).
[9] 许亚琼. 职业素养内容开发初探[J]. 职教论坛. 2010(18).